FAMÍLIA É TUDO IGUAL,
SÓ MUDA DE ENDEREÇO

PADRE ALESSANDRO CAMPOS

FAMÍLIA É TUDO IGUAL, SÓ MUDA DE ENDEREÇO

Planeta

Copyright © Padre Alessandro Campos, 2023
Copyright © Editora Planeta do Brasil, 2023
Todos os direitos reservados.

Preparação: Wélida Muniz
Revisão: Valquíria Matiolli
Projeto gráfico e diagramação: Negrito Produção Editorial
Capa: Fabio Oliveira
Fotografias de capa e de miolo: Luiz Ipolito

Dados Internacionais de Catalogação na Publicação (CIP)
Angélica Ilacqua CRB-8/7057

Alessandro, Padre
    Família é tudo igual, só muda de endereço / Padre Alessandro. - São Paulo: Planeta do Brasil, 2023.
    208 p.

    ISBN: 978-85-422-2346-0

    1. Família – Relacionamento – Vida cristã I. Título

23-5199   CDD 248.4

Índice para catálogo sistemático:
1. Família – Relacionamento – Vida cristã

Ao escolher este livro, você está apoiando o manejo responsável das florestas do mundo

2023
Todos os direitos desta edição reservados à
Editora Planeta do Brasil Ltda.
Rua Bela Cintra 986, 4º andar – Consolação
São Paulo – SP – 01415-002
www.planetadelivros.com.br
faleconosco@editoraplaneta.com.br

A Deus e à família.
À vó Joana (*in memoriam*).

Carta aberta às famílias
A frustração daquele que vive pelo outro

Levei anos para construir minha casa. E hoje, sozinho, no silêncio do meu quintal, me pergunto: por que tanto tempo perdido, Senhor? Pensei em cada detalhe, estudei e trabalhei para que os mínimos detalhes fossem cumpridos. No entanto, por que tanto tempo perdido, Senhor? Abri mão de tudo, vendi tudo o que tinha, trabalhei arduamente para essa construção, tudo foi pensado e projetado nos mínimos detalhes. Escolhi um lugar seguro, arborizado, com muita natureza, muito espaço, quintal para os cachorros, espaço gourmet, quadra de esportes, playground para os sobrinhos, academia, cozinha grande, sala de TV ampla e até um barzinho com adega subterrânea. No entanto, me pergunto: por que tanto tempo perdido, Senhor?

Até a construção de uma capela grande foi idealizada e construída. E, mesmo assim, ali, o sonho de uma missa em família nunca foi realizado, embora tenhamos o mais difícil: um padre só pra família. Já imaginou quanta graça isso representa num lar? No entanto, me pergunto: por que tanto tempo perdido, Senhor?

Ah! Já estava me esquecendo de um importante detalhe, as dependências especiais da avó. Ela era, afinal, quem mais precisava de apoio naquele momento. Um apoio necessário e merecido, é claro, depois de tudo o que ela fez por todos nós. O mínimo que poderíamos fazer por ela era construir um espaço que atendesse às necessidades dela. No entanto, me pergunto: por que tanto tempo perdido, Senhor?

Minha avó não existe mais, ela nem chegou a experimentar o seu quarto novo com suíte, sala de TV, uma pequena cozinha de apoio e um banheiro grande, espaçoso e adaptado às suas necessidades. Deus a chamou de volta antes que ela pudesse viver tudo isso. Com isso, me pergunto: por que tanto tempo perdido, Senhor?

Bem que o Senhor avisou antes, ao me dizer: "A vida é como uma neblina que aparece e, quando menos se percebe, desaparece rapidamente". Por que tanto tempo perdido, Senhor? Aliás, o Senhor também avisou o seguinte: "De que adianta o homem se desgastar debaixo do sol e trabalhar tanto se a vida passa sem perceber?".

Tanto tempo perdido, Senhor...

Não sonhe o sonho do outro, porque a vida é assim, feita de escolhas, e cada um faz a sua, não é? Minha mãe escolheu estar com o meu padrasto. Afinal, ela nunca quis conforto, mas sim uma companhia. E na verdade ela tem toda razão em buscar isso, pois não quer estar sozinha. Ela é livre, uma pessoa como qualquer outra, que não fez opção para o celibato – essa vida opcional e vocacional cabe a mim. Pensei até em uma casa para ela dentro do mesmo quintal. Aliás, o meu sonho era construir um grande condomínio familiar, onde se pudesse viver o céu aqui na terra: rezar, comer, festejar, chorar juntos. Já pensou como seria sensacional se fosse assim? No entanto, me pergunto: por que tanto tempo perdido, Senhor?

Minha irmã Daiane talvez virá morar aqui com o marido e minha sobrinha Rebeca. Mas não acredito que fique por muito tempo, porque ela também fez suas escolhas, e o tempo vai passar rápido demais. Quando menos esperar, ela vai embora de novo. Isso já aconteceu no passado; minha sobrinha Rebeca logo cria asas e vai voar para bem longe. É sempre assim!

O que pensamos ser nossos filhos, na verdade, não são e, como diz o ditado popular: "Filhos são do mundo. Devemos criar os filhos para o mundo. Torná-los autônomos, libertos, até de nossas ordens. A partir de certa idade, só valem conselhos". Quanto tempo perdido, Senhor! Quantas preocupações, quantas noites de sono perdidas, quanto trabalho, quantos projetos! Por que tanto tempo perdido, Senhor?

Pensei até na Thalita, porque mesmo que ela seja de uma geração diferente, com pensamentos e atitudes diferentes, fui ingênuo em pensar e acreditar que um dia ela estaria bem perto, depois de formada, dando orgulho para a família e seu pai... Por que tanto tempo perdido, Senhor? Ela também vai embora e sempre deixou isso claro, afinal, ela também fez suas escolhas. Ela vai embora para bem longe daqui, nem quis inaugurar seu quarto. Preferiu um quarto bem menor na Europa, longe de tudo e de todos. Por tudo isso, me pergunto: por que tanto tempo perdido, Senhor? Mas eu penso que ela também está certa, porque, como eu sempre disse: *Deus nos criou para sermos felizes e "cada um de nós compõe a sua história e cada ser em si carrega o dom de ser capaz e ser feliz"*.[1]

Minha irmã Alessandra também foi incluída no projeto, e com ela as coisas foram mais difíceis. Como todas as outras pessoas, ela também fez suas escolhas e merece respeito, claro. Aprendi que, na vida, já está provado que amar não é concordar com o outro, mas sim aceitá-lo e respeitá-lo como o é, e o mesmo vale para as suas decisões.

Como dizia minha sábia avó Joana: "família existe enquanto os agregados não chegam", e, por mais triste que isso possa ser, essa é a mais dura realidade. Haverá exceções? Não sei, mas sigo me perguntando: por que tanto tempo perdido, Senhor?

---

1. TOCANDO em frente. Intérprete: Almir Sater. *In:* Almir Sater Ao vivo. São Paulo: Columbia Records, 1992.

Meus sobrinhos já cresceram, não convivi com eles, tentei de tudo, mas foi praticamente impossível. Não pude fazer nada além do que estava a meu alcance; as circunstâncias não permitiram e minha irmã aceitou essa condição para ser feliz. Tomara que tenha sido a decisão certa e que ela tenha feito a melhor escolha. Ela também merece ser feliz e fazer livremente sua escolha. E, no entanto, sigo me perguntando: por que tanto tempo perdido, Senhor?

O castelo está pronto, mas e o tempo que ele demorou para ser construído? Quanto tempo foi perdido, Senhor? E, o mais triste, ele está vazio. Até os amigos não podem ir mais; aliás, eles nem foram. A construção demorou muito e eles já se foram, cada um com os seus sonhos e escolhas. Quanto tempo foi perdido, Senhor? Quintal cheio de concreto com um lindo cenário da natureza de Deus abraçando o redor da casa, água abundante num profundo poço artesiano que gera litros de águas por minuto, piscina limpa. Porém, casa vazia, igreja silenciosa. Um triste cenário de um castelo sem rei, sem rainha, sem príncipes e sem princesas. Quanto tempo perdido, Senhor?

Já imaginou malhar numa academia de frente para a natureza, doada por Deus? Treinando e respirando um ar puro? Diferente das academias nos prédios fechados das grandes cidades, né? Mas, mesmo assim, ela está vazia, habitada apenas pelos caríssimos aparelhos empoeirados, aguardando ansiosos até que alguém os use. Quanto tempo perdido, Senhor?

Ah! Estou me esquecendo dos parentes. Também pensei neles, mesmo sendo parentes, afinal, dizem que família é diferente de parentes. Demorou, mas consegui entender isso: de fato, é muito diferente. Eles são mais distantes em tudo. Cada um tem a sua vida e os seus sonhos, cada um vive por si e Deus por todos. Pouco importa se você está bem ou não. Só os encontramos nas festas e ainda há aqueles que só encontramos nos velórios. Quanto tempo perdido, Senhor!

A casa foi projetada pensando em todas essas pessoas, com espaço para festas e quartos de visitas. No entanto, me pergunto: por que tanto tempo perdido, Senhor? Queria eu ter pensado diferente e começar tudo de novo. Certamente não estaria aqui me perguntando, mais uma vez: por que tanto tempo perdido, Senhor?

O tempo passou muito rápido, e há coisas na vida que não voltam. Por isso, aproveite cada minuto da sua vida, seja feliz e não perca tempo com os outros. Ganhe mais tempo com você, pois no final valerá a pena, e você não precisará se fazer a tão importuna pergunta: *quanto tempo foi perdido, Senhor?*

Aprendi com tudo isso e, por essa razão, faço um pedido: quando eu morrer coloque na minha lápide a seguinte frase: AQUI JAZ UM PADRE FELIZ E REALIZADO EM SUA VOCAÇÃO, QUE CHAMADO PELO SENHOR, DEIXOU SE SEDUZIR, PORQUE DEUS FOI MAIS FORTE E TEVE MAIS PODER...

Não se esqueça:

Deus nos criou para sermos felizes!

O homem decepciona, Jesus Cristo, jamais!

Não sonhe os sonhos dos outros!

Sumário

Apresentação
21

Capítulo 1
Família é tudo igual,
só muda de endereço!
23

Capítulo 2
Minha família está dividida,
o que faço?
31

Capítulo 3
Não existe família perfeita!
39

Capítulo 4
Deus acredita em você!
43

Capítulo 5
Sua satisfação tem
que ser completa!
49

Capítulo 6
Prepara-te!
Você vai morrer!

Capítulo 7
Eu quero ser curado

Capítulo 8
Você tem medo de quê?

Capítulo 9
Saia dessa indecisão!

Capítulo 10
A Páscoa da pandemia:
um dia para não esquecermos

Capítulo 11
Tenha pressa!

Capítulo 12
Não tenha medo
de ser feliz!

Capítulo 13
Senhor, fale comigo,
quero te escutar!

Capítulo 14
Coragem!
97

Capítulo 15
O que você sabe sobre Deus?
105

Capítulo 16
Se alguém guarda raiva contra o outro,
como poderá pedir a bênção?
111

Capítulo 17
No caixão não tem gaveta! Nada é teu!
Não adianta ser o mais
rico do cemitério!
119

Capítulo 18
O choro pode durar uma noite,
mas a alegria vem logo de manhã!
123

Capítulo 19
Deus não vê aparência!
129

Capítulo 20
Viver a transparência
133

Capítulo 21
Antes de perdoar, perdoe-se
137

Capítulo 22
Bênção ou maldição?
A Mega-Sena do cristão
141

Capítulo 23
O que me interessa?
145

Capítulo 24
Você é um escolhido
151

Capítulo 25
Onde tem amor,
tudo é diferente!
157

Capítulo 26
Deus sempre nos surpreende!
161

Capítulo 27
Minha casa está destruída!
Sabedoria!
167

Capítulo 28
A decisão é sua!
173

Capítulo 29
Você sabe quanto vale
a oração na sua vida?
177

Capítulo 30
Por que sou uma
pessoa frustrada?
185

Capítulo 31
Eu quero sabedoria!
191

Capítulo 32
Natal na minha casa
195

Capítulo 33
Ano novo, vida nova
199

Reflexão para dias melhores
203

Agradecimentos
207

Deus nos criou para sermos felizes!

O homem decepciona, Jesus Cristo, jamais!

Não sonhe os sonhos dos outros!

Apresentação

Como vai a relação com a sua família?

Não importa o tamanho que ela tenha, seja pequena, seja grande, você já deve ter parado para pensar em como as coisas funcionam dentro da sua casa. E, claro, também deve ter se perguntado:
Será que tudo isso só acontece comigo?
Será que só a minha família não me entende?
Será que eu nasci na família errada?
Será que todas as famílias são como a minha?

Todos nós, e eu me incluo nessa, já fizemos essas perguntas. Este livro é muito mais do que uma resposta para essas perguntas, é um chamado para que você perceba que não está sozinho. E nessa batalha por compreender melhor a sua família, a sua história, não existirá vencedor se você não estiver ao lado de Jesus Cristo. Por isso, este livro é um convite para você refletir sobre sua própria história e sobre a sua relação com a sua família: o quanto disso, afinal, depende de você e do modo como você se relaciona com o outro?

Para tentar chegar a uma resposta, preciso que você se comprometa a caminhar por esta leitura ao lado de Jesus Cristo. E, também, a ler diariamente os textos deste livro – tanto comigo quanto sozinho – até entender a mensagem de Deus.

Deus quer vê-lo feliz, mas, para isso, é preciso que você dê o primeiro passo.

Vamos começar com esta leitura?

1
Família é tudo igual, só muda de endereço!

"Portanto, como eleitos de Deus, santos e amados, vesti-vos com sentimentos de compaixão, com bondade, humildade, mansidão, paciência." Ao que dizem: "Mas é difícil, padre!". Eu sei que é difícil, porém a palavra de honra é **suportai-vos**. *"Suportai-vos uns aos outros e, se um tiver motivos de queixa contra o outro, perdoai-vos mutuamente. Como o Senhor vos perdoou, fazei assim também vós. Sobretudo, revesti-vos do amor, que une a todos na perfeição" (Colossenses 3:12-14).*

Família! Eis o tema mais difícil de se falar. Família é tudo igual, só muda de endereço.

Os mesmos problemas que tenho na minha família, todos vocês têm. É o problema do pai com a mãe, do marido com a mulher, do filho com a mãe e por aí vai. Quem é que não tem problema em casa, na vida? Bem, todos temos e são todos iguais. Não pense que a família de um padre é perfeita. Nem que a de alguém que sempre frequenta a missa seja. Talvez sejam até mais imperfeitas...

A Palavra de Deus é muito clara:

"Deus honra o pai nos filhos e confirma, sobre eles, a autoridade da mãe. Quem honra seu pai alcança o perdão dos pecados, evitará cair neles e será ouvido na oração cotidiana. Quem respeita sua mãe é como aquele que junta tesouros. Quem honra seu pai terá alegria em seus próprios filhos; e, no dia em que orar, será atendido. Quem honra seu pai terá vida longa, e quem obedece ao pai é o consolo da mãe. [...] Filho, ampara a velhice de teu pai e não lhe cause desgosto enquanto ele vive. Mesmo que ele esteja perdendo a lucidez, sê tolerante com ele não o humilhes, em nenhum dos dias de sua vida. A ajuda prestada a teu pai não será esquecida, mas será plantada em lugar dos teus pecados e contada como justiça para ti; no dia da aflição serás lembrado e teus pecados se dissolverão, como o gelo em dia de sol" (Eclesiastes 3:3-7, 14-17).

Que coisa maravilhosa seria se nós, filhos, colocássemos isso em prática. Essa é a receita da felicidade!

Tem pessoas que dizem: "Padre, não sei mais o que faço da minha vida, ela é uma desgraça, dou um passo para a frente e dez para trás. O que será que está acontecendo comigo?". Até que diz: "Estou há não sei quanto tempo brigada com meu pai, com minha mãe". E falam com orgulho.

Até quando vamos continuar assim? O tio que não fala com a tia, o irmão que não fala com o irmão... A família é o maior bem que Deus nos deu, a maior herança que devemos ter e, infelizmente, estamos deixando isso de lado.

Até quando você, que é mãe, que é pai, vai deixar isso acontecer?

Amai-vos uns aos outros e por quê? ==Porque o amor é o vínculo da perfeição.==

Como é bonito isso!

Ensinais-vos uns aos outros – mas com sabedoria.

Não adianta o pai bater e xingar o filho. Não vai resolver nada. Não podemos e não devemos intimidar os nossos filhos. Como nos diz a Palavra: "Pais, não intimideis vossos filhos, para que eles não percam o ânimo" (Colossenses 3:21). E, então, o filho diz ao pai: "Pai, quando crescer, vou ser médico". E o pai responde: "Você?

Você é vagabundo, não gosta de estudar nem de trabalhar!". E não é assim que se educa um filho, que se anima um filho.

E quem nos ensina isso é Jesus Cristo.

Se o seu filho chega até você e compartilha uma novidade boa como a de um concurso ou um desejo de ter um futuro melhor, você tem que comemorar, tem que se empolgar para que ele siga em frente. "Vai, meu filho, estuda essa semana que você consegue! Deus te abençoe."

Talvez você tenha encontrado este livro, porque precisava ler isto: é preciso amar e respeitar seus pais, bem como obedecer a eles. Porque tenho certeza de que todos os pais só querem o bem do filho. Muitas vezes, nossos pais brigam conosco porque nos amam. Só briga com você aquele que te ama. Quem não ama não se importa.

Como explica este texto belíssimo do Papa Francisco:[2]

> Não existe a família perfeita, mas não é preciso ter medo da imperfeição, da fragilidade, nem mesmo dos conflitos; preciso é aprender a enfrentá-los de forma construtiva. Por isso, a família onde as pessoas, apesar das próprias limitações e pecados, se amam, torna-se uma *escola de perdão*. O perdão é uma *dinâmica de comunicação*: uma comunicação que definha e se quebra, mas, por meio do arrependimento expresso e acolhido, é possível reatá-la e fazê-la crescer. [...] A família mais bela, protagonista e não problema, é aquela que, partindo do *testemunho*, sabe *comunicar* a beleza e a riqueza do relacionamento entre o homem e a mulher, entre pais e filhos. Não lutemos para defender o passado, mas trabalhemos com paciência e confiança, em todos os ambientes onde diariamente nos encontramos, para construir o futuro.

---

2. FRANCISCO, Papa. Mensagem de sua santidade Papa Francisco para o XLIX Dia Mundial das Comunicações Sociais. *A Santa Sé*, 23 jan. 2015. Disponível em: https://www.vatican.va/content/francesco/pt/messages/communications/documents/papa-francesco_20150123_messaggio-comunicazioni-sociali.html. Acesso em: 2 set. 2023.

Termino este capítulo abençoando a sua família, e a minha também. Que você se lembre de perdoar, de amar e de estar presente na vida de seus familiares, o maior presente é ser presente!

Como na oração de Padre Zezinho, desejo:

> "Que nenhuma família comece em qualquer de repente
> Que nenhuma família termine por falta de amor
> [...]
> Abençoa, Senhor, as famílias, Amém!
> Abençoa, Senhor, a minha também!"[3]

---

3. ORAÇÃO pela família. Intérprete: Padre Zezinho. *In*: Sol nascente, sol poente. São Paulo: Paulinas-Comep, 1995.

*O amor é o vínculo
da perfeição.*

2
Minha família está dividida, o que faço?

A Palavra de Deus vai falar do homem interior, por quê? Porque, para Deus, não importa o que se é no exterior. O Senhor não está preocupado com como somos por fora, Ele não está preocupado com nosso dinheiro, com nosso sucesso, com o nosso poder, com as nossas vaidades, porque o externo para Deus não importa. A Palavra é bem clara: até os adolescentes podem esgotar-se, e jovens robustos podem cambalear, mas aqueles que contam com o Senhor renovam suas forças; ele dá-lhes asas de águia. Correm sem se cansar, vão para a frente sem se fatigar (Isaías 40:30,31). Em outras palavras, quando se refere ao nosso interior, ao nosso coração, dizendo que devemos ser robustos e cheios do Espírito Santo, porque é isso que faz a diferença na nossa vida.

Que contradição parece esse Evangelho, quando Jesus chama seus discípulos e diz assim: "Eu vim lançar fogo sobre a terra, [...] vós pensais que eu vim trazer paz sobre a terra? Pelo contrário, eu vos digo, vim trazer divisão" (Lucas 12:49,51).

Por que Jesus fala dessa divisão?

Jesus é muito claro. Ele diz que a divisão acontece na família e usa como exemplo uma de cinco pessoas: "Daqui em diante, numa família de cinco pessoas, três ficarão divididas contra duas e duas contra as três; ficarão divididos: o pai contra filho e o filho contra o pai; a mãe contra filha e a filha contra a mãe; a sogra contra a nora e a nora contra a sogra" (Lucas 12:52-53).

O curioso? É que isso não é novidade para nós, pois é exatamente isso que acontece na nossa vida e dentro da nossa casa, na nossa família. Que triste isso, mas acontece que essa divisão é causada por Jesus. Sim, porque a Sua presença causa, em qualquer circunstância, em qualquer ambiente, uma revolução.

Mas que revolução a presença de Jesus causa? Para começar, ela é do tipo que provoca em nós uma decisão. É por isso que na leitura da Carta aos Efésios, Paulo diz à sua comunidade, ou melhor, mais do que dizer, vai desejar à sua comunidade, à família de cada um, que ela possa receber de Deus, do Pai, "segundo a riqueza da sua glória, sejais robustecidos, por meio do seu Espírito, quanto ao homem interior" (Efésios 3:16).

O que causa a divisão entre os amigos, entre os colegas, entre a comunidade, entre a família, é a falta de sermos robustecidos pelo Espírito de Deus. Jesus chega ao ambiente, e sua presença provoca e obriga uma decisão porque, com sua presença em qualquer ambiente, em qualquer circunstância, sabe o que vem também?

A obrigação. Vem a proposta cristã; a proposta do Evangelho.

E qual é a proposta cristã? Qual é a proposta do Evangelho? Qual é a proposta de Jesus?

Que todos nós nos amemos, que todos nós nos abracemos, que todos nos perdoemos.

Mas tudo isso é exatamente o que NÃO acontece na realidade do nosso cotidiano. Por quê? Porque entre o pai e o filho, a mãe e a filha, a nora e a sogra, o irmão e a irmã, o amigo e a amiga, sempre haverá um que não dá o braço a torcer. Jesus já sabia disso. Ele sabe, e conhece cada um de nós, por isso tem ciência de que sempre haverá um que não vai querer dar o braço a torcer.

E esse que não dá o braço a torcer, quem é? Aquele que não está robusto, ou seja, cheio do Espírito Santo no seu interior.

Que pena que em meio a muitos de nós, na nossa família, na nossa igreja, no nosso rol de amigos ainda existam homens e mulheres que não são robustos do Espírito Santo, porém são robustos do poder, são robustos de beleza, de joia, de dinheiro, de fama, de sucesso... mas não são robustos de Deus.

Se não mudarem essa maneira de pensar, vão viver uma vida de eterno sofrimento, uma vida de eterna distinção, vão viver uma vida de eterno orgulho, de eterna vaidade, de eterna ignorância. Uma vida que faz com que cada um deles fique doente não só da alma, mas também do corpo.

Quantos de nós temos tantos males dentro do coração? Quantos de nós sabemos qual é a causa da nossa doença? Seja do corpo, seja da alma, mas a nossa vaidade, o nosso orgulho, a nossa ignorância não permitem que a gente faça a nossa autocura, a nossa oração própria. Ou até mesmo que a gente peça a alguém para orar por nós.

Você pode fazer isso, eu posso fazer isso, nós podemos fazer isso, nós podemos proclamar a nossa vida, a nossa cura, o milagre, a libertação. Nós podemos fazer a nossa vida ser diferente, mas, como eu digo sempre: "A decisão é tua, nossa, minha. Sou eu quem decido".

Nós temos o direito de sermos felizes, temos a obrigação de viver a felicidade. Como cristãos, somos obrigados a lutar por ela, e é isto que desejo para a minha vida e para cada um de vocês: felicidade. Precisamos sempre buscar algo a mais, não estacionar, não ficar na mesmice só por causa do outro, só por causa do que aquela pessoa pensa ou acha de nós. Não devemos nos preocupar com o que pensam a nosso respeito, mas, sim, nos preocupar com o que Deus pensa de nós, e pronto.

Eu decidi ser feliz no dia que me conscientizei disso. Não foi fácil tomar essa decisão, foi demorado, foi doloroso.

Mas decidi que a partir daquele momento da minha vida ninguém, nem amigo, nem amiga, nem avô, nem avó, nem minha mãe, nem minhas irmãs, nem meus primos, nem meus tios, tirariam a minha felicidade, porque a minha felicidade não dependia do outro, e a sua felicidade não depende do outro, mas só de você. Somos nós que escrevemos a história da nossa felicidade. O dia que você se conscientizar disso, aí vai andar de cabeça erguida, sem se preocupar com o que o outro pensa ou deixou de pensar de você.

Lembre-se: amar, perdoar, orar, decidir e estar cheio do Espírito Santo é uma bela receita para uma família feliz.

Cada um de nós é responsável por escrever a própria felicidade. Em que parte dessa história você está?

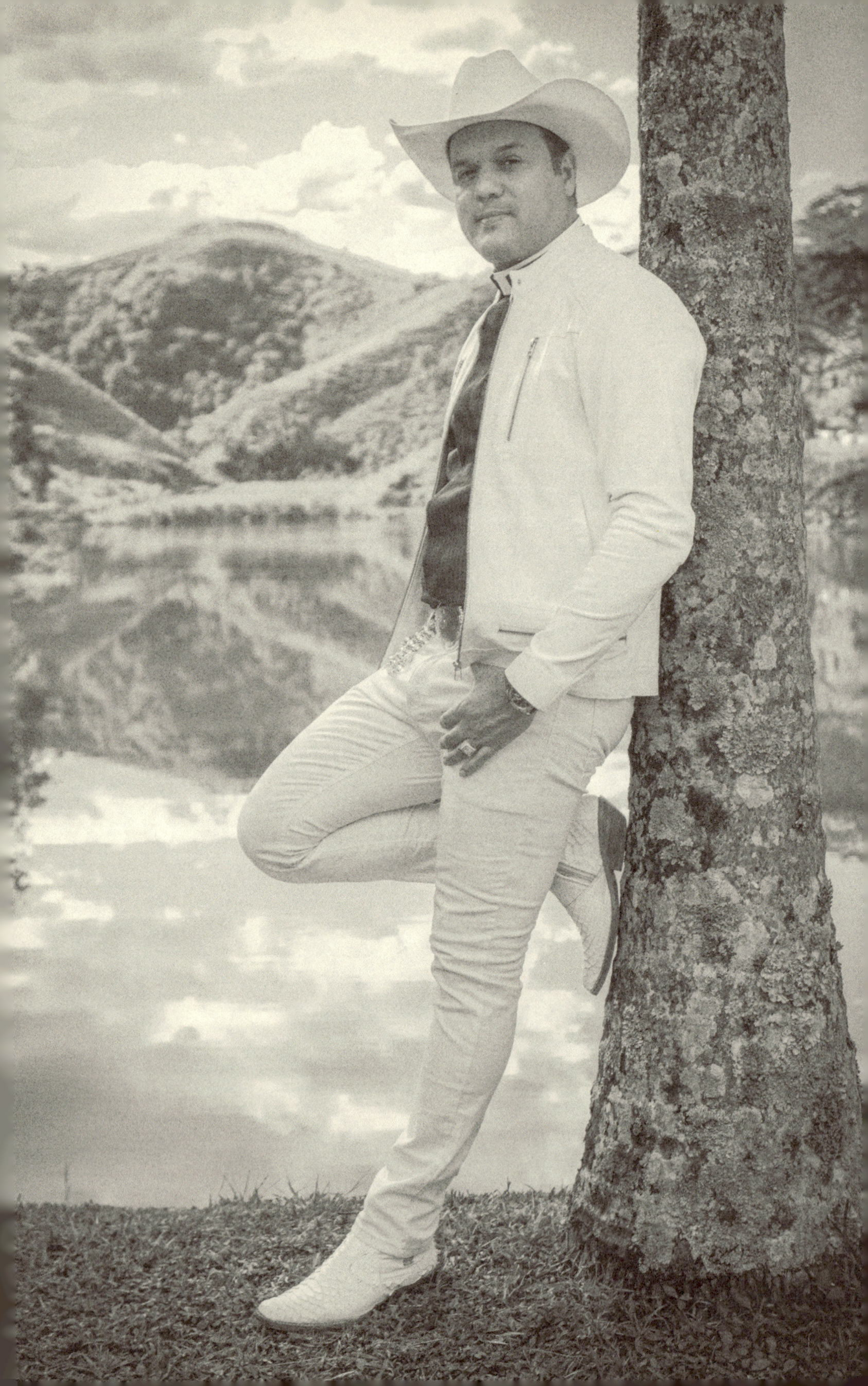

3
Não existe família perfeita!

A carta de São Pedro nos orienta: "Dedicai todo o esforço em juntar à vossa fé a fortaleza, à fortaleza o conhecimento, ao conhecimento o autodomínio, ao domínio próprio a perseverança" (Pedro 1:5-6). Guardem estas palavras: fé, fortaleza, conhecimento, autodomínio e perseverança.

"Um homem plantou uma vinha, depois a alugou a uns agricultores e viajou para o exterior, onde permaneceu por muito tempo. Quando chegou o tempo da colheita, enviou um servo aos agricultores, para que lhe dessem sua parte dos frutos; mas os agricultores o maltrataram e o mandaram embora de mãos vazias. Enviou outro servo, mas também neste bateram, o insultaram e o mandaram embora de mãos vazias. Enviou ainda um terceiro. Também a este feriram e expulsaram. Então, o proprietário da vinha disse: 'Que farei? Mandarei meu filho único; com certeza vão respeitá-lo'. Entretanto, os agricultores, logo que o viram, começaram a combinar entre si: 'Este é o herdeiro! Vamos matá-lo para que a herança seja nossa!'" (Lucas 20:9-14)

Essa parábola tem a ver com o tema, que é a família. Para mim, é fácil falar de família, porque tenho uma família igualzinha à de vocês. Com os mesmos problemas, só muda o endereço.

A dica vem do profeta Isaías: "Não deveis ficar lembrando as coisas de outrora, nem é preciso ter saudades das coisas do passado" (Isaías 43:18). Um dos maiores problemas hoje na família é que estamos sempre remoendo as coisas passadas, principalmente as coisas que não deram certo. "Não falo com a minha mãe", "Não falo com minha irmã."

E a desgraça está feita.

E se matam por herança.

Até quando, meus irmãos? Até quando vamos ficar preocupados com o futuro que nem sabemos se virá? Até quando vamos nos esquecer de viver o presente? Abandone o passado, pare de se preocupar tanto com o futuro que não sabe se vai vir.

A única herança que você tem que deixar para seus filhos são valores morais, éticos e religiosos, porque, se você deixar essa herança, não vai dar confusão lá na frente. Aquele que tem valor e vive os valores morais, éticos e religiosos não se preocupa com materialismo, herança, casa e carro.

Pare de se preocupar com o futuro, você não sabe se vai estar vivo amanhã. Viva hoje! Viva o presente! Viva o amor! Viva o perdão! Viva a piedade e tudo com intensidade!

Para ter uma família feliz, você precisa de autodomínio. Não basta só ter fé. E com a fé você soma tudo isso, e aí tem uma família feliz. E feliz não é perfeita, não existe família perfeita, família perfeita só a de Nazaré.

A mulher tem que ser sábia, saber a hora de abrir a boca, guardar tudo em silêncio como Maria. Sabe por quê? Porque a palavra da mãe tem peso. Pode ser bom, mas pode ser ruim. Não é fácil, mas tem que ter o autodomínio.

Família feliz é a família que tem problemas, sim, que tem dificuldade, sim, e que tem Jesus Cristo, porque a família que tem Cristo tem tudo.

Você pode ser a mulher mais importante do mundo, o homem mais rico, importante, empresário, mas sem Jesus você não pode nada. Sem Jesus Cristo o tombo é feio.

Toda família tem também o filho pródigo. Deixa ir, depois volta. Não chora, não, porque ele vai voltar.

Toda família tem problema financeiro: ganha mil e gasta cinco. Talvez precisem de autodomínio.

Tem problema com bebida? Tem. Autodomínio.

Eu poderia listar vários problemas: tem inveja, ciúme, droga. Tem.

"Mas qual o segredo, padre?" É ter Jesus Cristo. Quando você colocar Jesus no centro da sua vida, tudo será resolvido; mas, se colocar em prática a carta de Pedro, que nos diz que temos que nos dedicar, ter esforço, juntar a fé, a fortaleza, o conhecimento, o autodomínio, a perseverança, a piedade e o amor fraterno, tudo isso com Jesus Cristo. Tudo ficará ainda mais fácil. Tudo posso naquele que me fortalece, e o que é impossível para os homens é possível para Deus.

Nós temos família e temos *fam-ilhas*, que criamos dentro de nossas próprias casas.

Mais do que nunca, a cada dia que passa, eu entendo mais que dinheiro, sucesso, poder, beleza não nos leva a nada. O dinheiro compra uma bela fazenda, mansão, mas não um lar. O dinheiro compra uma bela cama, mas não o sono. O dinheiro compra todos os remédios, paga o melhor plano de saúde, mas não compra saúde.

==As pessoas mais ricas do mundo são aquelas que têm quatro coisas: Deus, família, amigos e saúde. O resto a gente corre atrás.==

*Família é tudo igual,
só muda de endereço.*

4
Deus acredita em você!

A Palavra é **acreditar**. *Deus te criou para ser feliz e te deu capacidades que somente você tem para alcançar isso.*

Depois da ressurreição, Jesus apareceu para seus discípulos. Porém, em uma dessas aparições Tomé não estava presente. Todos já conhecemos a velha e famosa história desse apóstolo, o homem incrédulo.

Na vida, justificamos que somos iguais a Tomé: "Só acredito vendo". Muitas vezes, somos todos como ele e nos negamos a acreditar no que está bem diante do nosso nariz.

Mas o fato é que Jesus aparece vivo para seus apóstolos, que avisam a Tomé. Ao que ele responde: "Se eu não vir a marca dos pregos em suas mãos, se eu não puser o dedo nas marcas dos pregos, se eu não puser a mão no seu lado, não acreditarei" (João 20:25).

Muitas vezes na nossa vida as coisas não acontecem porque não acreditamos em Deus; não acreditamos nas pessoas e, o pior de tudo, não acreditamos em nós mesmos. A força do acreditar, do confiar e da verdade é que faz tudo acontecer na nossa vida.

Deus te criou para ser feliz e te deu capacidades para seguir o seu caminho, e somente você tem essas capacidades. Há situações em que a gente pensa: "Não vai dar certo".

Sabe quando você entra naquele avião enorme para fazer uma viagem e vem aquela dúvida: "Será que esse monstro vai subir? Será que ele vai ficar lá no alto? Conseguir atravessar o oceano?" E, mesmo com tudo isso na cabeça, você entra no avião e, em algumas horas, chega ao seu destino, em alguns casos, do outro lado do mundo.

Na vida, se observarmos os feitos do homem, chegaremos a uma única conclusão: Deus existe! Se não existisse, o homem não seria capaz de criar coisas tão fabulosas.

A cada dia que passa, tenho mais certeza de que Deus realmente existe, e Ele está comigo e está com você. E se Ele está comigo e com você, e você acredita fielmente nisso, não tem nada a temer. O medo te faz fraco! Você precisa ter coragem. Você precisa acreditar em Deus!

Acredite em si mesmo, porque você é capaz!

Você não tem ideia do que é capaz de fazer se acreditar no seu potencial, na sua força. Se acreditar que o Espírito Santo de Deus está com você, e se Ele está com você... não há nada a temer! Deus mesmo disse: "Não tenhas medo, que eu estou contigo" (Isaías 41:10).

Alguns fiéis já me perguntaram: "Padre, por que as coisas não dão certo na minha vida? Por que não consigo fazer o que tenho que fazer?" E eu respondo: "Porque você não está acreditando!". Quando você não acredita, como Tomé não acreditou na ressurreição de Jesus e se distanciou de todos os apóstolos, você se distancia de Jesus e da sua própria verdade.

Quantos Tomés existem por aí perdendo a oportunidade de experimentar o amor de Deus, que nos ama tanto? Talvez, infelizmente, neste momento, você ainda pense como Tomé e esteja afastando Deus da sua vida. Se Tomé estivesse com os apóstolos, certamente teria se encontrado com Jesus, assim como os outros o fizeram. Sua vida seria diferente se tivesse acreditado mais cedo.

Até quando você vai viver isso? Até quando vai ficar chorando pelos cantos? Até quando vai se preocupar com o que os outros pensam ou falam de você? Ninguém, além de você mesmo e de Deus, determina sua felicidade! Seja feliz, independentemente do que os outros pensam. Não é fácil, pois, se fosse, não existiria infelicidade no mundo. Mas é preciso acreditar que Deus nos quer feliz.

Você pode ter dinheiro e poder, mas, se não tem Jesus Cristo ao seu lado, não vai conseguir superar os problemas e as dificuldades. Quem tem Deus na vida vence, ultrapassa os problemas e não se deixa abater. É preciso ter força, dizer para o mal que ele não pode com você nem com Deus.

Esteja preocupado em ser feliz custe o que custar, Deus te criou para ser feliz, e a sua felicidade não depende do que o outro pensa ou fala. O importante é a sua consciência! Não permita que nada nem ninguém tire isso de você.

O próprio Jesus diz para Tomé: "Põe o teu dedo aqui e olha as minhas mãos. Estende a tua mão e coloca-a no meu lado e não sejas incrédulo, mas crê!" (João 20:27).

Uma pessoa que não acredita em Deus nem no outro está fadada ao fracasso. E, como nos diz a Palavra em Filipenses 4:13: "Tudo posso naquele que me dá força".

Ainda em João 20:29, Jesus disse: "Creste porque me viste? Bem-aventurados os que não viram, e creram!". Não seja incrédulo, seja fiel! Se você acreditar em si mesmo e em Deus, pode ter certeza: sua vida vai mudar. Acredite em Deus, nas pessoas, em si mesmo. Só assim poderá mudar e fazer tudo aquilo que todos pensam que você não pode.

**

Desejo que após o término desta leitura você possa sentir a presença de Deus na sua vida, que ela transforme você em algo diferente do que foi até agora. A partir desse momento, não só nenhum mal vai bater a sua porta como também você vai receber a paz de que precisa na sua vida.

Tenha certeza de que, com a paz, você conseguirá resolver todos os problemas, dificuldades e todas as tribulações que te assolam. Porque um coração que acredita em Deus está em paz, é um coração tranquilo, pronto para tomar as melhores decisões. De nada adianta tomar decisões com o coração angustiado e cheio de tristeza. Decisões devem ser tomadas com o coração em paz.

Que Jesus possa encher o seu coração de paz, alegria, amor, serenidade, de fé, perdão e saúde. Deus nos diz que está conosco até o fim, e por isso não devemos ter medo. E é nisso que devemos acreditar!

Com Jesus, podemos tudo! E você pode tudo, e Ele vai livrar você, todos nós, de todo mal, perigo e toda doença do corpo e da alma.

Com Deus na nossa vida, somos diferentes! Somos felizes, sim! Temos paz, sim! Ainda que queiram roubar a nossa paz, tirar a nossa alegria, Deus não vai permitir, porque Ele é muito maior!

*Nunca duvide
de si mesmo,
porque Deus
NUNCA duvida.*

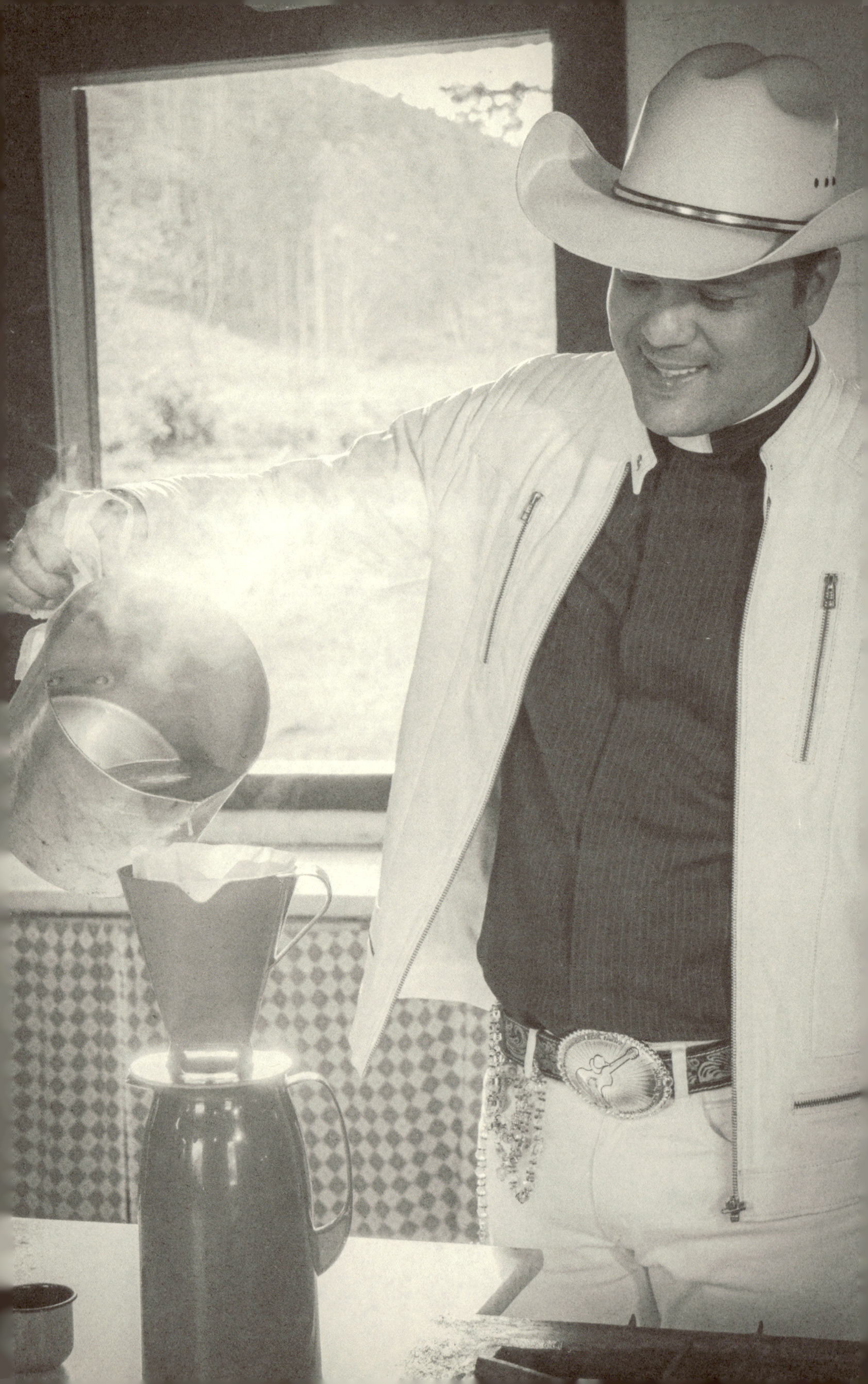

5
Sua satisfação tem que ser completa!

Alegrai-vos sempre no Senhor! Repito, alegrai-vos! Seja a vossa amabilidade conhecida de todos! O Senhor está próximo. Não vos preocupeis com coisa alguma, mas, em toda ocasião, apresentai a Deus os vossos pedidos, em orações e súplicas, acompanhadas de ação de graças (Filipenses 4:4-6).

Paulo escreveu uma carta à comunidade dos romanos questionando a eles: "Quem nos separará do amor de Cristo? Tribulação, angústia, perseguição, fome, nudez, perigo, espada? [...] Em tudo isso, somos mais que vencedores, graças àquele que nos amou. Tenho certeza de que nem a morte, nem a vida, nem os anjos, nem os principados, nem o presente, nem o futuro, nem as potências, nem a altura, nem a profundeza, nem outra criatura qualquer será capaz de nos separar do amor de Deus (Romanos 8:35; 37-39).

Quem vai nos separar desse amor? Já que, se Ele é por nós, quem ousará ser contra nós?

Paulo faz a lista, elencando situações comuns da nossa vida. Coisas que mais nos perturbam, as atribulações que tentam nos afastar de Deus. Quantas vezes eu e você estamos atribulados com as dificuldades e com os problemas da vida, do dia a dia? Quantas vezes somos tomados pela angústia por não sabermos o que vai acontecer amanhã? Todos esses sentimentos só nos levam cada vez para mais longe da presença de Deus.

Quantos de nós não somos perseguidos pelas atribulações dentro da nossa própria casa? Pela fome? Pelo medo? Se faltar comida, como vamos viver? Se falta o que vestir, surge a nudez. O perigo está em todo lugar; no dia a dia saímos de casa sem saber se voltaremos. A morte, a arma, a espada... Mas Paulo nos diz que somos grandes vencedores, pois quem tem Jesus Cristo e vive com Ele é muito mais do que vencedor, está acima de qualquer atribulação.

No Antigo Testamento, Deus fala através do profeta Isaías: "Oh! Todos que estais com sede, vinde buscar água!" (Isaías 55:1). E não à toa, no Novo Testamento, vemos Jesus utilizando essa metáfora ao nos dizer que Ele é a água viva! E quem bebe da água que Ele dá nunca mais terá sede. Nessa passagem em João 4, Ele se apresenta também como água viva, como água pura. Tá com sede? Vem à fonte.

"Quem não tem dinheiro venha também! Comprar para comer, vinde, comprar sem dinheiro vinho e mel, sem pagar!" (Isaías 55:1). Mais uma vez o Senhor Deus manifesta seu amor por nós, mais uma vez Deus diz para mim, para você, que, se estivermos com Ele, devemos Lhe confiar todas as nossas preocupações, pois Ele cuidará de nós, por isso não devemos nos preocupar com o dia de amanhã!

Busque primeiro o Reino de Deus e a Sua justiça. Estamos vivendo uma vida de preocupação com coisas materiais, poder, dinheiro e sucesso. Em Lucas 10:3-4, Jesus diz: "Eis que vos envio como cordeiros para o meio de lobos. Não leveis bolsa, nem sacola, nem sandálias". Mais uma vez, Ele cita que isso não é o essencial para nossa vida! Até porque alguns têm, outros não, e para Deus somos todos iguais. Ele diz: venha você, venham todos, venham até mim que comigo não precisarão ter nada.

Mais uma vez, é Jesus nos dizendo para sermos felizes. E, para isso, não precisaremos ter inteligência, mas, sim, sabedoria para administrar aquilo que nos foi dado. Porque gastar um salário se não com a satisfação completa? E aqui há algo que eu acho interessante: quantos de nós temos dinheiro, temos beleza, temos poder, temos sucesso, mas não temos Jesus Cristo? E, não tendo Jesus Cristo, não temos sabedoria para administrar esses bens e, por isso, vivemos em constante frustração. Conheço várias pessoas assim, inclusive do meu convívio. Vivem uma vida de frustração! Têm dinheiro, mas sequer o usam para sua satisfação completa!

Estão tão preocupadas em perder o que têm – dinheiro que talvez tiveram dificuldade para conquistar – que têm medo de ele acabar, têm medo de ficar pobres, têm medo de perder o pouco ou o muito que têm e não usam. Essas pessoas não se satisfazem completamente!

Olha só o que a Palavra de Deus está nos dizendo em Isaías 55:2: "Para que gastar dinheiro com coisas que não alimentam? Por que trabalhar tanto pelo que não mata a fome?". Para que gastar o seu salário com algo que não o satisfará por completo?! Por isso admiro pessoas que sabem viver a vida – com responsabilidade, é óbvio.

Tenho alguns amigos, conhecidos, até parentes que já tiveram a oportunidade de dizer para mim várias vezes: "Olha, padre, se eu morrer hoje, eu morro feliz". Eu também digo isso, pois aproveitei a vida!

E ainda há aquelas que dizem: "Eu aproveito a minha vida, eu sei aproveitar!". E sabem mesmo. A pessoa não pensa duas vezes quando é para curtir, principalmente aquelas que têm condições. Tenho alguns amigos e amigas de quem tenho muita pena, tenho dó mesmo, compaixão! Amigos e amigas que não sabem aproveitar a vida, não sabem aproveitar o que têm. Dá uma tristeza quando observo essas coisas!

Tive a oportunidade de conviver com parentes, amigos e amigas que me chamaram a atenção para uma experiência interessante: alguns deles muito ricos, com muitos bens e patrimônios, mas que não "desperdiçam" nada disso para sua satisfação completa. Deixam tudo guardado! Para onde vai tudo que está parado enquanto eles estão insatisfeitos?

==É preciso saber o que é desperdiçar e o que é aproveitar seus privilégios com sua família, com seus amigos... para que, quando chegar lá na frente, você consiga ver que tudo valeu a pena!==

Melhor não ter tudo se não sabe aproveitar. Já parou para pensar que o tempo passa, que a gente envelhece, e daqui a pouco vai deixar tudo para trás? Continue guardando mesmo, viu. Daqui a pouco você morre e tudo vai ficar sabe para quem? Pra outro!

O que você não usufruiu, o que você não viveu, fica para outro aproveitar. Porque você não gasta o seu dinheiro, seu salário com sua satisfação completa? Se você tem condições, pega sua família, vai fazer uma viagem gostosa, vai fazer uma viagem internacional. Vai viver a vida e aproveitar o que tem antes que você morra e deixe tudo para o outro.

==Quem tem Jesus Cristo presente na vida aprende a partilhar.== Até o pouco que tem é partilhado. Quem tem Jesus Cristo presente tem a certeza de que não vai passar fome. Quem tem Jesus Cristo presente tem a certeza de que, além de não passar fome, vai ficar completamente saciado. Quem tem Jesus Cristo presente vive essa experiência da satisfação! Uma das coisas mais interessantes, mais belas, que um ser humano pode viver é a satisfação. Tem ser humano que vive a frustração.

Quem vive com Jesus não vive a frustração, vive a satisfação de quem consegue ser feliz com pouco.

Como dizia minha vó Joana: "Meu filho! O pouco com Deus é muito e o muito sem Deus é nada!".

*Partilhar
é mais do que
um ato de amor,
é um ato de fé.*

O que eu sou sem Jesus? Nada, nada nada...
Isso te lembrou alguma coisa? Lembrou, né?
Então curta este presente especial para você!

Aponte a câmera do seu celular para o
QR Code abaixo e assista ao vídeo:

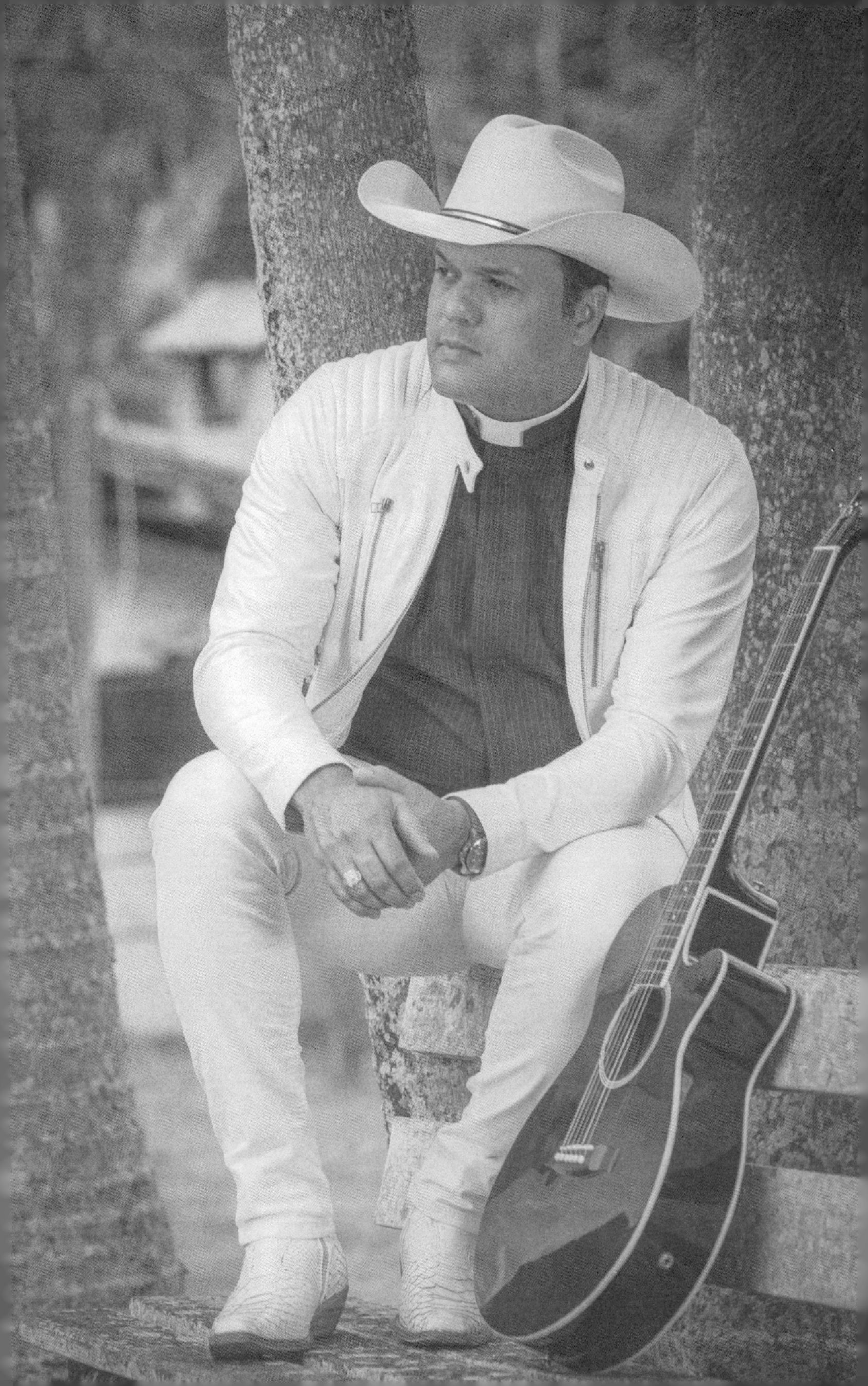

6
Prepara-te! Você vai morrer!

O anjo do Senhor falou a Filipe "prepara-te". Essa é a Palavra deste capítulo: **prepara-te**. *Prepara-te para quê, padre? Ou por quê? O eunuco, antes de ser batizado por Filipe, lia uma passagem do profeta Isaías. Quando lhe foi perguntado se ele entedia o que estava lendo, pediu esclarecimentos: "sua vida foi arrancada da terra, peço que me expliques" (Atos 8:26-34). A explicação que muitos de nós vamos procurar e nunca encontrar se não pelos olhos da fé. Para muitas coisas, meus irmãos, que passamos nesta terra e nesta vida, por mais que busquemos explicações, não vamos encontrá-las se não pelos olhos da fé. Ou você acredita em Deus e tem fé, ou vai viver uma vida de tristeza, de angústias e de frustração.*

Paulo diz que se não acreditamos na ressurreição, que Jesus morreu e ressuscitou, se não acreditarmos e não vivermos isso, se não buscamos isso, vã é a nossa fé. E não só a nossa fé, como também vã é a nossa vida. A nossa vida nesta terra só tem sentido se olharmos com os olhos da fé para Jesus Cristo. Quantas e quantas são nossas indagações, as nossas dúvidas, em meio à desgraça, às fatalidades, em meio às situações que parecem não ter explicação, mas, ao mesmo tempo, parece que tem.

O próprio Evangelho nos traz essa esperança de um Deus que morreu, se fez homem, mas ressuscitou. Essa é a nossa fé, e, quando rezamos o credo, rezamos exatamente isto: "creio na vida eterna". Ou você crê, ou sua vida, e não somente sua fé, é vã. Uma coisa nós sabemos, e isto é certo: depois que nascemos, nós, um dia, morreremos. "Ah, mas não é o dia?". Se nós pudéssemos escolher o dia de nossa morte, não escolheríamos nem o dia, nem a hora, nem o lugar e nem o como.

Aí está o significado da fé: entender que não sabemos nem o dia, nem a hora, nem a circunstância, mas temos a certeza de que Deus vai nos chamar porque somos dele, pertencemos a Ele, que viemos dele e, para Ele, vamos voltar. Aí está o significado! E, no dia que entendermos isso, nossa vida começará a ter um outro sentido ou, talvez, um novo sentido!

Nós vivemos no mundo das fatalidades, das surpresas e das indagações. Há situações na nossa vida em que a gente pensa: *Meu Deus, quanta provação! Meu Deus, por que estou passando por isso?* Pergunte para Deus, porque o advogado, o médico e a polícia vão te responder até um limite. E, por mais que venham todas as respostas, só existe uma que vai confortar o meu e o seu coração: a que vem de Deus, a que vem do alto.

Se não fosse assim, não precisaríamos de Deus, se todas as respostas do mundo, da vida, nos satisfizessem, não precisaríamos de Deus. E aí está o segredo. Aí está o significado da nossa fé. É saber que nós, seres humanos, somos limitados, somos frágeis, buscamos todas as respostas, mas a resposta final vem de Deus. E só Ele pode responder, principalmente se for uma pergunta que te tira o sono.

Quantas pessoas não passam noites e noites acordadas porque não conseguem entender. "Eu não aceito isso", "Não aceito perder meu filho", "Não aceito perder meu pai". Eu também não aceito. Quando estava celebrando a missa de corpo presente da minha avó de noventa e poucos anos, olhei para o caixão e disse para Deus: "Deus, de verdade, estou muito triste, não aceito que ela tenha morrido, por mais que ela tivesse Alzheimer, por mais que ela estivesse idosa, porque, Deus, acabou!". E muito rápido Deus me respondeu: "Não, não acabou, começou! Está apenas começando, padre Alessandro, agora começou a vida eterna que não vai acabar, é o início que não tem fim. Você precisa acreditar nisso". E, de fato, pouco a pouco, com o passar do tempo, Deus vai consolando, conformando, respondendo, principalmente quando a lei da natureza nos coloca em xeque.

Pela lei da natureza, morre primeiro a mãe para depois morrer o filho. E quando uma mãe perde um filho? Quantos pais que perderam seus filhos prematuramente num acidente, num desastre ou até mesmo por doença? Quantas vezes eu cheguei a um velório de uma criança, de um adolescente, e diziam para mim: "Padre, por que Deus tirou ele de mim? Por que não eu?". E fui indagado, questionado. Só que há perguntas que só Deus vai conseguir responder.

Não há respostas para todas as nossas perguntas, a não ser que olhemos com os olhos da fé. É preciso ter muita fé diante da fatalidade, da desgraça e do sofrimento. Ou você tem fé e acredita pra valer que Deus vai fazer algo diferente na sua vida, que Ele vai te fortalecer, ou nada feito.

Deus faz do jeito dele, no tempo dele.

"Se eu falasse as línguas dos homens e as dos anjos, mas não tivesse amor, eu seria como um bronze que soa ou um címbalo que retine." Ainda que eu desse a minha vida a favor do outro, se não tiver amor, de nada valeria. O amor é paciente, é benfazejo; não é invejoso, não é presunçoso nem se incha de orgulho; não faz nada de vergonhoso, não é interesseiro, não se encoleriza, não leva em conta o mal sofrido; não se alegra com a injustiça, mas fica alegre com a verdade. Ele desculpa tudo, crê tudo, espera tudo, suporta tudo", diz a Palavra em 1 Coríntios 13:1, 4-7.

Ninguém vem ao Pai se eu não o atrair. E eu o ressuscitarei no último dia, e acredito nisso. Eu tenho fé e gostaria de partilhar com você, meu irmão e minha irmã, que vale a pena acreditar em Deus! Porque neste mundo tudo passa. E, como diz a Palavra, "prepara-te", porque o Senhor virá como um ladrão. Ele não avisará nem o dia, nem a hora, nem as circunstâncias. Se você vai morrer doente com câncer, atropelado, em um acidente de avião, não importa! Tudo isso são circunstâncias da vida humana. Para Deus o que importa é a vida eterna! E o dia que ele determinou para te chamar, ele vai chamar.

"Olha, esta vida vai passar rápido, não brigue tanto com as pessoas, e não critique tanto seu corpo".[4] Beba com moderação, curta mais, dance mais, viaje mais, siga mais a sua intuição, não deixe de beijar os seus amores. É tão bom sentir o calor o humano, sentir que ama e é amado. É bom quando a gente se ama, se abraça e deixa as máscaras caírem, quando a gente percebe a essência da vida! Não se dedique a acumular herança. Não fique guardando as taças. Use! As melhores taças, os melhores talheres são para você! Não economize seu perfume favorito. Ou vão usar tudo por você!

As coisas boas da vida são para você mesmo! Sua felicidade não pode depender de ninguém! Ninguém morre junto. Ninguém dá a vida pelo outro, a não ser Jesus Cristo! Na hora do vamos ver, todos caem fora! Ligue agora, faça agora, não deixe para depois. Por que não perdoar agora? Vai ficar até quando com esse rancor, esse ódio e essa angústia? Só serve para uma coisa: te fazer mal. Dar dor nas costas, dar insônia.

O futuro é sempre incerto e não se confunde com as expectativas humanas. Em uma carta belíssima, São Tiago diz: "Hoje ou amanhã iremos a tal cidade, passaremos negociando e

---

4. VAI passar rápido. Intérprete: Marcela Taís. *In*: As melhores Marcela Taís. Rio de Janeiro: Sony Music Entertainment, 2020.

ganhando dinheiro! No entanto, não sabeis nem mesmo o que será da vossa vida amanhã!" (Tiago 4:13-14). Estamos preocupados em só ganhar, nem sabemos o que será da nossa vida amanhã.

Talvez seja ignorância nossa estarmos sempre preocupados com o dia de amanhã, até porque estamos vivendo de um passado que às vezes não deu certo e não vivemos o hoje, mas eis aí o problema. Quanto tempo perdido e quantas vezes deixamos de lado a nossa felicidade por conta de coisas do mundo. Quantas vezes não nos esquecemos de que somos cidadãos do céu, que viemos do céu e vamos voltar para o céu?

Não haverá beleza, sucesso e poder, como diz Tiago 4:14: "Não passais de uma neblina que se vê por um instante e logo desaparece". Então, que tal você aproveitar? Abandonar sua prepotência, vaidade e ignorância? Que tal parar de ser pessimista? Você é capaz de aceitar o que está errado e mudar o rumo da sua vida e sua história.

Você é capaz, meu irmão, faça acontecer!

Aproveite o pouco tempo que ainda lhe resta, viva a vida, e prepara-te, porque um dia você vai morrer!

Prepara-te, você vai morrer! Viva o hoje com o que realmente importa.

7
Eu quero ser curado

Quantos de nós estamos doentes da alma? Quantos de nós estamos enfermos da alma? Quantos de nós estamos cheios de feridas que não conseguimos curar? Seja do corpo, seja da alma. Por quê? Porque estamos longe de Deus, precisamos das mãos de Jesus sobre nós hoje. Eu profetizo na sua vida. Deixe Jesus curar você. "Padre, eu já fui a tantos, tantos médicos", "Padre, eu já fui a tantos hospitais, já fiz muitos e muitos exames, até mesmo várias cirurgias, mas essa enfermidade eu não consigo curar." Sabe por quê? Porque chegou a vez de você se postar diante de Jesus e permitir que Ele cure você.

Vamos começar com a Palavra em Lucas 4:38-39, em que Jesus cura a sogra de Simão Pedro. Jesus saiu da sinagoga e entrou na casa de Simão, cuja sogra estava sofrendo com muita febre. Intercederam a Jesus por ela. Então, Jesus se inclinou sobre ela e, com autoridade, mandou que a febre a deixasse. A febre a deixou.

A presença de Jesus é tão forte, tão divina, é a representação da força, da cura, da libertação, que bastou uma breve repreensão para a febre deixar a sogra de Pedro e a mulher ser curada. E o mais interessante não é nem a cura em si, mas a disposição da sogra de Simão Pedro para servir logo que foi curada, pois, assim que reconhece que está curada por Jesus Cristo, imediatamente se levanta e começa a servi-los.

Prepare-se para ser curado hoje, prepare-se para ser curada ao pôr do sol. Todos os que tinham doentes atingidos por diversos males os levaram a Jesus, que, bondosamente, colocava a mão em cada um deles e os curava. De muitas pessoas também saíam os demônios, diz a Palavra em Marcos 3:11: "E ao vê-lo os demônios gritavam 'Tu és o Filho de Deus'". E Jesus lhes repreendia, proibindo que dissessem o que sabiam: que Ele era o Messias.

Permita que Jesus te cure. Esse é o desejo de Deus para mim e para você, meu irmão. Ele não nos criou para a tristeza, não nos criou para a angústia, não nos criou para a depressão. Deus não nos criou para sermos sacos de pancada de ninguém! Seja do marido, seja da mulher ou de quem quer que for. Você não pode permitir isso na sua vida! Você não é saco de pancada, não! É uma filha muita amada de Deus! Um filho muito amado de Deus! E Deus te ama do jeito que você é, pois Ele te criou assim. Deus te quer feliz.

Talvez você tenha até procurado um terapeuta ou uma psicóloga, um médico, mas nada aconteceu, porque você também não está se permitindo a cura. Por que espera resultados diferentes se faz tudo sempre igual? Para ter resultados diferentes, meu irmão, minha irmã, você precisa fazer diferente. Deus não vai mudar a sua vida se você não mudar primeiro. Então, dê o seu primeiro passo, faça a sua parte, pois Ele vai sempre fazer aquilo que você não pode fazer, mas vai esperar que você faça aquilo que pode. Então, dê o seu primeiro passo, faça sua parte, faça aquilo que é possível.

"Mas, padre, eu não consigo. É impossível!"

Então eu quero te dizer que aquilo que é impossível para os homens é possível para Deus. Deixe que Ele opere o impossível na sua vida, mas faça a sua parte, faça aquilo que você pode fazer, dê o primeiro passo! Diga para Jesus Cristo: "Eu quero ser uma pessoa diferente, Senhor, eu quero ser realmente alguém que conhece o Seu amor, que conhece a Sua paz, que conhece Sua serenidade, que conhece, Senhor, a felicidade. Eu quero ser feliz!". Deus te quer feliz, meu irmão, Deus te criou para ser feliz, então permita-se ser feliz. Deixe Deus agir na sua vida, deixe Deus curar esse seu rancor, esse remorso, essa angústia, isso que você não consegue mais entender porque você já fez de tudo, mas nada aconteceu.

Você já percebeu que, quando uma pessoa passa mal, seja no hospital, seja em qualquer outro lugar, chega o médico ou enfermeiro e aí, por a pessoa estar desmaiada, alguém pensa: *Fulano está morto*. Então o médico sente a pulsação. Olha que significado belíssimo: "É preciso amor para poder pulsar", já que uma pessoa que não tem pulsação é uma pessoa morta.

A pulsação é sinal de que a pessoa está viva. Só que é preciso amor para poder pulsar, ou seja, é preciso amor para estar vivo. Se você não ama, você não vive. A condição para viver é amar, por isso que muitos de nós somos frustrados. Por isso que muitos de nós não amamos, não vivemos. Já ouviu aquele ditado assim: "Nossa, fulano não vive, está vivo, mas não está"?

Pronto! "É preciso amor pra poder pulsar, é preciso paz pra poder sorrir, é preciso a chuva pra florir".[5] Nem sempre é um mar de rosas, vocês pensam que as coisas são fáceis? Não são. Já viu o que acontece nas ruas e nos morros quando chove demais? A enxurrada vai descendo com aquele monte de papel, de entulho, de terra, leva tudo até a calçada. No meio-fio, cria aquele barro e vai juntando cigarro, papel, sujeira... e aí vem aquela enxurrada e vai limpando. Quando termina a chuva, o meio-fio da calçada está limpinho.

A minha vó me mandava varrer a calçada lá de casa. Que raiva que eu tinha de fazer aquilo! Todo mundo passava na

---

5. TOCANDO em frente. Intérprete: Almir Sater. *In*: Almir Sater Ao vivo. São Paulo: Columbia Records, 1992.

rua e me via varrendo a calçada. "Vai varrer a calçada", dizia ela. "Hoje vai chover, a chuva vai limpar tudinho." E aí vinha a chuva e lavava a calçada. As enxurradas são importantes na nossa vida para lavar. Deixa a enxurrada passar, levar todo o entulho para o bueiro. O que não pertence a você vai para o bueiro, vai para a fossa, vai embora.

Tudo depende de você. Você pode estar na frente do médico, do psicólogo, do padre. Se não quiser a mudança, não adianta nada! O médico vai te dar a receita, a psicóloga vai te dar a receita, só que se você sair de lá e não for à farmácia comprar o remédio, vai continuar doente do mesmo jeito. Então eu tenho uma dica para você: é preciso mudança, é preciso rasgar as páginas que não deram certo na sua história e começar uma vida nova.

Para finalizar este capítulo, convido você a rezar uma oração junto comigo, para que tudo seja curado em sua vida.

ORAÇÃO

Senhor, eu me coloco na tua presença para ser curado. Senhor, vem passear na minha vida e cura onde está doendo agora. Cura onde médico nenhum pode chegar, cura onde médico nenhum pode ir. Vem, Jesus, passear na minha vida. Vem, Senhor, e faz de mim um homem novo, uma nova mulher, renova-me, Senhor, porque tudo que há dentro de mim precisa ser mudado. Renova-me, Senhor, porque tudo que há dentro de mim precisa transformado. Eu quero sentir o teu amor, eu quero sentir a tua presença. Restaura a tua presença que cura. A tua presença que me livra de toda a maldição, de todo o atraso de vida. A tua presença, Senhor, que cura desta angústia, deste sofrimento, a tua presença que me faz realmente viver de uma forma diferente, viver com dignidade, pois o Senhor me fez para ser feliz.

Senhor, hoje eu me permito essa cura, hoje eu me permito essa libertação. Que todo o mal saia da minha vida, que todo o atraso de vida caia por terra, que todos os ressentimentos sejam curados. Vem, Senhor, cura onde eu não posso ir, cura onde somente o Senhor pode chegar, cura onde somente o Senhor pode, e ninguém mais.

*Deus te quer feliz.
Aproveite
a oportunidade.*

8
Você tem medo de quê?

Naquele tempo, disse Jesus aos seus apóstolos: "Não tenhais medo deles. Não há nada de oculto que não venha a ser revelado, e nada de escondido que não venha a ser conhecido. O que vos digo na escuridão, dizei-o à luz do dia; o que escutais ao pé do ouvido, proclamai-o sobre os telhados! Não tenhais medo daqueles que matam o corpo, mas são incapazes de matar a alma! Pelo contrário, temei Aquele que pode destruir a alma e o corpo no inferno! Não se vendem dois pardais por uma moedinha? No entanto, nenhum deles cai no chão sem o consentimento do vosso Pai. Quanto a vós, até os cabelos da cabeça estão todos contados. Não tenhais medo! Vós valeis mais do que muitos pardais. Todo aquele, pois, que se declarar por mim diante dos homens, também eu me declararei por ele diante do meu Pai que está nos céus. Aquele, porém, que me renegar diante dos homens, também eu o renegarei diante de meu Pai que está nos céus" (Mateus 10:26-33).

Deus tem um recado muito especial para mim e para você! Fique com esta mensagem: o choro pode durar uma noite, mas, no outro dia de manhã bem cedo, passa. Pois Cristo vem e traz para você a alegria e tira o teu medo.

Eu imagino que alguém devia estar passando com uma gaiola com dois pardais e Jesus disse assim: "Está vendo aqueles dois pardais ali que estão vendendo? Eles valem duas ou algumas moedas". Ele fala que valemos muito mais do que essas moedas, do que os pardais. "Não tenhais medo, vós valeis mais do que muitos pardais. Eu estou contigo." Aliás, uma das últimas palavras antes de Ele subir aos céus é: "Eis que estou convosco todos os dias, até o fim dos tempos." (Mateus 28:20) "Mas o Defensor, o Espírito Santo que o Pai enviará em meu nome, ele vos ensinará tudo e vos recordará tudo o que eu vos tenho dito. Ouvistes o que eu vos disse: 'Eu vou, mas voltarei a vós.'" (João 14:26, 28)

Acho lindo o último discurso de Jesus, o de despedida quando Ele sobe aos céus. Está claro que existem três realidades ditas pelo próprio Cristo. O próprio Jesus diz que existe a vida biológica, a vida terrena, que é essa que nós vivemos. Quando Ele diz pra mim e para você: "não tenha medo daquele que pode matar o seu corpo, mas não pode matar sua alma", está dizendo que não precisamos temer a vida terrena, porque vamos ter uma outra vida no céu. E nessa ninguém pode tocar a mão!

Com suas palavras, Jesus deixa claro, até para quem não acredita, que existe o céu. Está aí! Não sou eu que estou dizendo, é Jesus. A vida eterna existe! Então, se você tinha alguma dúvida de que o céu existia, Jesus a está tirando com este livro. Existe a vida terrena, a qual podem tirar de nós, na qual podem matar. Não tenha medo dessa vida, não tenha medo dessas pessoas, não tenha medo se si mesmo. Podem tirar a sua vida aqui, eles podem matar o corpo, podem fazer com que você perca tudo nesta terra, neste mundo, mas eles não podem te fazer perder o céu!

Uma terceira coisa dita por Jesus: "Como escapareis da condenação ao inferno?" (Mateus 23:33). Ao dizer isso, Jesus está afirmando que o inferno existe. E tem gente que diz assim: "Olha, padre, o inferno é aqui na terra". Não! Não é, de jeito nenhum! Primeiro, a terra é maravilhosa, este mundo é maravilhoso. Se você olhar este mundo que foi criado por Deus e observar as coisas belas que Deus fez, que construiu para nós, a terra, o céu, o mar, a água, os animais a natureza, você vai ver que isso não pode ser o inferno. Inferno é o que fazem com a criação de Deus!

O que Deus fez não é o inferno. O que os homens fazem para poder ultrapassar os limites de Deus, isso, sim, é uma ação diabólica, infernal, destruidora. Não é à toa que muitos de nós estão morrendo doentes em determinados lugares do nosso país e do mundo por causa da matança das florestas, por causa das queimadas, por causa da desordem das construções em lugares que nunca deveriam ter sido construídos. Por causa da poluição dos nossos rios. O rio que Deus construiu não era um inferno, é um inferno agora que nós, humanos, o poluímos.

Agora, que nós fazemos de nossa vida um inferno, eu acredito. E acredito também que complicamos e criamos infernos na nossa vida pessoal, que tornamos infernais lugares em que não conseguimos ficar nem meia hora. Por quê? Porque, dependendo da pessoa ou das pessoas que estão ali, você se sente como se estivesse no inferno, lugar ruim, clima ruim, uma energia ruim, não é? Então a gente pode, sim, fazer do lugar onde estamos um inferno. A gente pode, sim, destruir aquilo que Deus construiu, fazer daquilo um inferno. Mas aqui não é o inferno, não!

Jesus diz que existe um outro lugar de que você precisa, sim, ter medo daquilo que pode destruir a sua alma e o seu corpo: o inferno. Tenha medo de perder a sua amizade com Deus, porque, se você perde a sua amizade com Ele, é para lá que você vai. Esta mensagem é de Jesus, não é minha, e está aqui: você não precisa ter medo de nada neste mundo, tudo o que fazem contra você aqui tem um limite, uma hora vai acabar.

E aí você pergunta: "Qual é o limite, padre?". A morte é o limite. Morreu, acabou. Enquanto você estiver vivo, podem fazer o que quiser com você, até mesmo te matar. E, quando você morrer, acaba. Tudo aqui tem limite. Mas para Deus, não. Ninguém pode superar o poder de Deus, ninguém pode superar o amor de Deus por você. Ele está dizendo para mim e para você: não tenha medo de nada!

Se um bandido chegar até você e apontar uma arma e dizer o seguinte: "Me dá sua carteira, suas joias, seu relógio, senão eu te mato!". O que que você faz? É lógico que vai dar seus ouros, suas joias, seu relógio, sua carteira. Porque você não quer perder aquilo de mais precioso que tem, que é a sua vida.

Diante de uma situação de perigo, você ama muito mais a sua vida do que suas joias, do que o seu dinheiro, do que o seu poder, do que o seu sucesso, não é? Com Deus deveria ser assim! Você deveria amar muito mais a Deus do que as suas coisas, mas não é o que acontece. Pois, quando você está diante de uma escolha, quando você está no caminho que tem que escolher entre Deus e o mundo, você escolhe o mundo. Deus ou o dinheiro? Você escolhe o dinheiro. Deus ou as joias? Você escolhe as joias. Deus ou o poder? O sucesso ou a beleza? Você escolhe beleza, poder e sucesso. Viu como são as coisas? Por que com Deus é diferente? Não deveria ser.

Deus te ama muito e não quer te perder. E a maior prova disso é quando Ele diz no próprio Evangelho: você vale muito mais do que qualquer pardal. Até o cabelo da sua cabeça está contado.

Olha o carinho de Deus para dizer que tudo em você é precioso: eu cuido de você, até mesmo dos fios dos seus cabelos. Ele usa essa metáfora para dizer o quanto você é importante, o quanto Ele te ama e o quanto não quer te perder. Mas que pena que você escolhe as coisas do mundo, e não Deus.

E você pode perguntar: "Como é que eu escolho Deus, padre?".

É muito, muito simples: quando você deposita amor nas coisas. Lembra a história que contei anteriormente? Se alguém for te assaltar, você vai querer que a pessoa te dê um tiro ou prefere perder a carteira, cartões de crédito, joias, o relógio ou a vida? A resposta me parece fácil: você ama a sua vida, você determina o seu amor. Até na hora do medo, você o determina.

Cuidado com as suas aplicações. Tem gente que faz aplicações e investimentos nessa vida, mas não faz aplicações e investimentos em Deus. Sabe o que vai acontecer? O próprio Jesus diz no Evangelho de Mateus 10:32-33: "Todo aquele, pois, que se declarar por mim diante dos homens, também eu me declararei por ele diante do meu Pai que está nos céus. Aquele, porém, que me renegar diante dos homens, também eu o renegarei diante de meu Pai que está nos céus". A quem você ama mais, meu irmão, a Deus ou a seu dinheiro? A vida eterna ou a vida terrena? O céu ou o inferno?

Deus nos ama tanto que nos deu o chamado livre-arbítrio, nos deu a liberdade de escolha. E ela é minha e sua. Você pode escolher ser de Deus ou não. Você pode escolher ser feliz ou não. Você pode escolher ser feliz com muito pouco ou ser infeliz com muito. "Pois quem quiser salvar sua vida a perderá; e quem perder sua vida por causa de mim a encontrará." (Mateus 16:25)

Está na hora de você fazer as suas aplicações para Deus, em Deus, porque aqui tudo vai passar. Aproveite o pouco tempo que ainda lhe resta, aproveite esta vida e esta terra para viver bem e feliz, fazendo os outros felizes. Aproveite para viver a sua vida com Deus, porque esse, sim, vale a pena. O ser humano decepciona; Jesus Cristo, jamais! Porque ele está comigo e está contigo. E, quando se está com Deus, não precisa ter medo: "Não tenhas medo, que eu estou contigo. Não te assustes, que sou o teu Deus. Eu te dou coragem, sim, eu te ajudo. Sim, eu te seguro com minha mão vitoriosa" (Isaías 41:10).

Obrigado, Senhor! Eu tomo posse dessa Palavra, amém.

*Quem tem Jesus
no coração
não tem medo
do amanhã.*

Escreva seus medos nesta página para destacar e queimar na próxima live!

9
Saia dessa indecisão!

Hoje, Jesus está dizendo para mim e para você: "Saia dessa indecisão, não viva mais esses obstáculos na sua vida, ultrapasse, passe por cima deles". Você consegue, sim! Deus te criou para ser feliz, Deus te fez para ser uma pessoa realizada. Deus não te criou para viver na tristeza, na angústia, no sofrimento, na frustração.

"Uma mulher cananeia, vinda daquela região, pôs-se a gritar: 'Senhor, filho de Davi, tem compaixão de mim.'" (Mateus 15:22) Por que essa mulher grita quando se encontra com Jesus? Pois esse é o grito não somente das mulheres, mas também de todos nós. É o grito de quem que já chegou ao extremo, de quem está desesperado. Quando você está desesperado por algum motivo da sua vida, a primeira coisa que faz é gritar pela interferência de Deus.

Talvez você já tenha ido a vários médicos, procurado vários advogados, foi ao psicólogo, ao terapeuta, ao psiquiatra. Já tentou buscar a solução em vários lugares, ou com várias pessoas, até perceber que você não teria a solução esperada. E, assim, fica óbvio que sobra apenas Deus.

A primeira igreja que a gente encontra, é nela que a gente entra. E a coisa mais comum quando entramos numa igreja é gritarmos, do fundo do nosso coração: "Deus, faz alguma coisa por mim, me tira, Jesus, dessa situação, desse sofrimento, dessa perseguição, me cura dessa doença". A coisa mais comum que existe na vida dos cristãos é entrar na igreja para gritar, para pedir. Nós nunca vamos à igreja para agradecer, sempre para pedir. Somos experts nisso.

Essa mulher cananeia certamente deve ter procurado a solução do seu problema em várias situações, mas alguém disse para ela que existia um tal de Jesus que curava, que salvava, que expulsava demônios, expulsava os males da vida das pessoas. E, então, esse Jesus começa a ter uma fama inesperada naquela região:

"Quem é esse homem que até o vento e o mar lhe obedecem?"

"Quem é esse homem que está curando, que está libertando?"

"Quem é esse homem que está expulsando o mal e o demônio da vida das pessoas?"

"Quem é esse homem que está transformando a vida de milhares de pessoas?"

"Quem é esse homem que tinha doze apóstolos, e que se multiplicaram, e agora carrega uma multidão atrás de si?"

Esse homem é Jesus Cristo. Esse é o homem que escuta a mulher cananeia gritar: "Senhor, Filho de Davi, tem compaixão de mim: minha filha é cruelmente atormentada por um demônio!" (Mateus 15:22).

**

Ultimamente tenho falado bastante sobre isso, sobre a palavra "decisão". Quantos de nós são indecisos? Você precisa ser uma pessoa decidida, em qualquer circunstância da vida. Sabe por que você está infeliz, sobretudo, no seu casamento, no seu emprego, na sua relação com os amigos?", porque você não se decidiu.

Você vive em uma constante indecisão, não sabe se vai ou se fica. E, quando você não sabe se vai ou se fica, fica sofrendo.

Passa um ano, passam dois anos, três, e lá na frente você olha para trás e diz: "Meu Deus, quanta besteira eu fiz, perdi o meu tempo".

Você perdeu tempo porque não se decidiu, porque é uma pessoa indecisa. Decida! De-ci-da! Não são as pessoas que colocam obstáculos na nossa frente, na nossa vida. Nós somos os primeiros a inventar os obstáculos quando temos alguma situação a resolver. Não é o outro que coloca dificuldade, somos nós! Parece que, se a gente não encontrar um obstáculo, não ficamos satisfeitos.

Até quando você vai viver assim? Vendo só o obstáculo em vez de buscar a solução. Você pode estar aí se perguntando: "Mas como eu faço diferente?". É muito simples! Seja qual for a decisão que tiver que tomar na sua vida, faça uma reflexão. Você já sabe o que está errado e o que está certo. Então, decida!

Se decidir continuar no que está dando errado, tudo bem! Mas assuma o erro, porque a sua decisão trará conclusões. Se você decidiu o certo, chegou a conclusões certas; se decidiu o errado, tirou conclusões erradas. Agora, seja forte o suficiente para assumir as consequências, e isso você não quer, pois vive no comodismo.

Em tudo na vida, tudo que começa errado, vai terminar errado. Até quando você vai continuar vivendo nessa indecisão? Ela está custando o seu sofrimento, a sua dor, está custando a sua tristeza, a sua depressão, a sua insatisfação... Até quando você vai ficar vivendo assim?

Quantos de nós não vivem de aparências só para mostrar para a sociedade? Enquanto você não parar de se preocupar em mostrar para a sociedade que você vive uma vida maravilhosa, vai continuar vivendo uma vida horrorosa. E que triste isso! Só que é a mais pura verdade. Jesus está nos dizendo: se você for uma pessoa de fé, seja feito como você quer.

Mas atenção: muitas vezes, o que você quer não é o que Deus quer. Deus nos ama tanto que nos dá essa liberdade. "Mas será que eu quero do jeito de Deus?" Do jeito de Deus, há algumas exigências, do jeito de Deus não é do seu jeito, não é do jeito que você imagina. Do jeito de Deus é diferente, porque Deus é radical. Certamente do jeito de Deus é para que você seja feliz. Você tem que estar com as mãos livres, ou seja, com a vida livre. Decida! Pois no dia que decidir, você, com certeza, descobrirá que nasceu para ser feliz.

Com Deus, você tudo pode, grande é a tua fé, e se grande é a tua fé, será feito na tua vida o que tu desejares. Coragem!

O que você deseja? O que você realmente deseja, do fundo do seu coração?

Reserve um tempo para refletir sobre a sua fé, sobre os seus desejos e, mais ainda, sobre o que você tem feito com isso tudo. Você tem insistido?

Escreva neste espaço o que você realmente deseja:

*Com Deus, você pode tudo.
Mas nem sempre o
que você quer é o que
Deus quer pra você.*

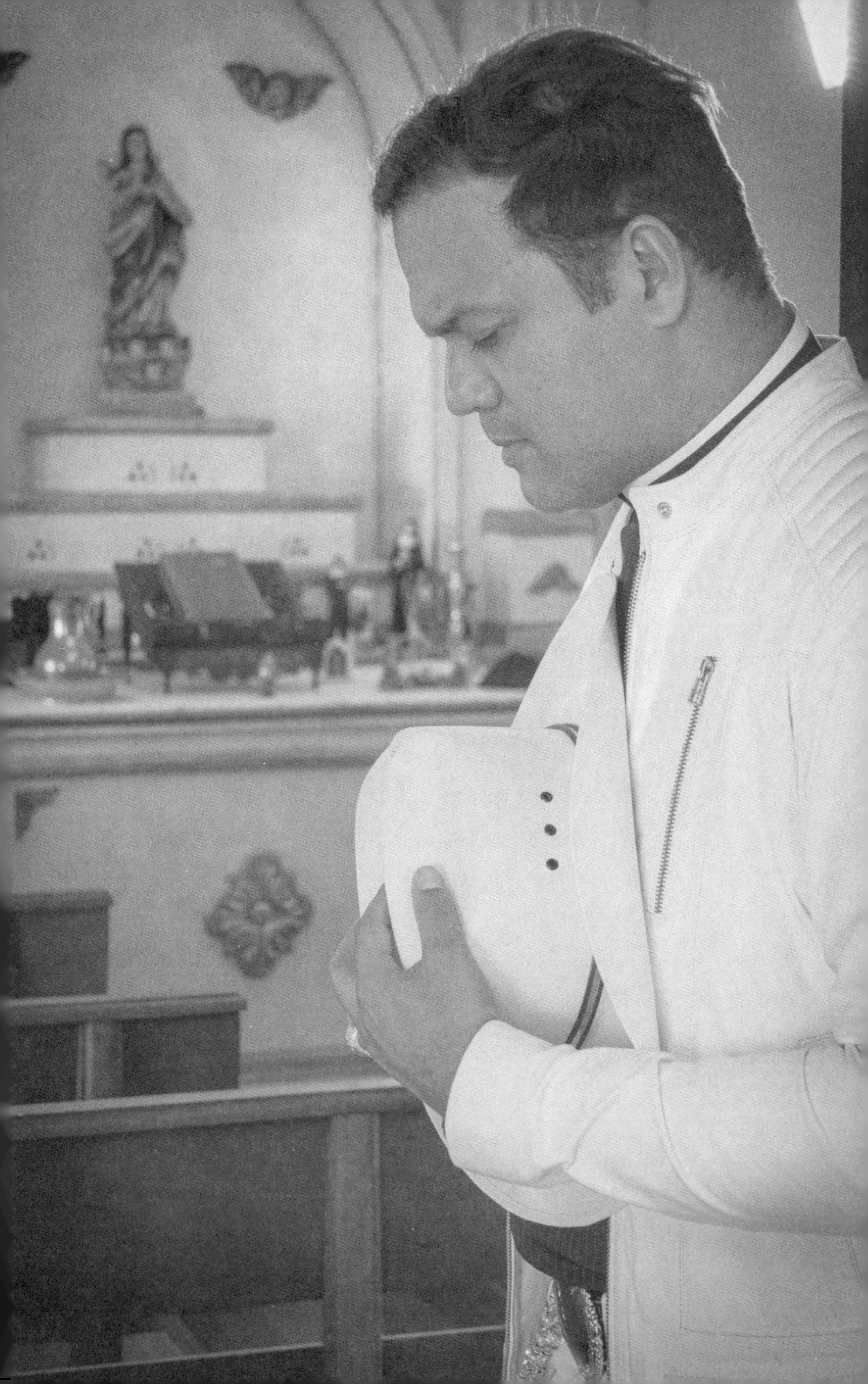

10
A Páscoa da pandemia: um dia para não esquecermos

Não perca mais tempo, o tempo passa muito rápido.

Você que é pai, você que é mãe, tenha pressa de amar seu filho. Você que é filho tenha pressa de amar seus pais. Quem ama tem pressa, quem ama corre e quem ama chega primeiro.

Certamente o coração de João, o discípulo que Jesus mais amava, era um coração que batia forte, que enfrentava toda escuridão da madrugada, que enfrentava todas as dificuldades, mas não perdia seus objetivos, não desistia deles.

Seja você o discípulo que Jesus mais ama, tenha pressa de ser feliz, tenha pressa de morrer para o pecado, para a angústia e o sofrimento. Tenha pressa de ressuscitar para uma vida nova. Tenha pressa de ser feliz e aproveite o pouco tempo que lhe resta.

Façamos festa, adoremos, alegremos e nele exultemos!

Pare de viver o passado! O que não deu certo, de hoje em diante, com Deus, vai dar. Passagem. Passou.

Você está magoado? Te ofenderam? Te traíram? A palavra de ordem é esta: passou.

É muito bom ser amado por Deus.

E nunca se esqueça. ==O homem decepciona, Jesus Cristo, jamais!==

Certamente nesse dia você deve ter acordado com um fenômeno quase mundial. A primeira coisa que fizemos naquele ano – e fazemos em todos os outros – foi pegar nosso aparelho celular. Bom, e como quase todos nós temos em nosso celular o tal do WhatsApp, recebemos e enviamos muitas mensagens de Feliz Páscoa.

Pela primeira vez na história, ao menos ao longo de toda a minha vida até aqui, Jesus nunca foi tão comemorado. E, finalmente, hoje eu ouço falar muito mais de Jesus do que de coelhinho e chocolate. Antes da pandemia, essa festa bonita era muito mais comercial, a sexta-feira não era mais do Senhor, e sim do peixe, do bacalhau, uma sexta mais chique do que Santa.

Naquela Páscoa, o mundo foi obrigado a fazer o que não se fazia há muito tempo: reunir a família. O pai não pôde sair para o churrasco e beber sua cerveja. A mãe teve que ficar em casa, teve que organizar a mesa e fazer uma comida. O filho não pôde sair, porque não estava tendo aula e não pôde se encontrar com amigos, nem fazer festinha. Os namorados não puderam se encontrar.

E, inesperadamente, aconteceu o que a igreja sempre pregou e sempre pediu: que a família se reunisse, que os pais se sentassem à mesa com os filhos. Que o maior de todos os banquetes não fosse no vizinho ou no amigo, mas na casa da família.

Finalmente, pudemos ver uma cena que há muito tempo não víamos: pais e filhos sentados à mesma mesa, juntos. E não só pela Páscoa, mas para todo o resto: o bom café da manhã com calma e com todos reunidos, almoço e jantar, coisas que não tinham há muito tempo.

Porque até mesmo na própria casa se criou um isolamento. Um em que as famílias se tornaram *fam-ilhas*. Cada um criava sua ilha no quarto ou no escritório.

Mas o mundo nos disse naquele momento: Sem Deus, não somos nada!

Onde estava o teu poder? Seu dinheiro? Seus aviões? Suas lanchas?

Todos guardados! Você tinha tudo isso, mas não podia usar.

Onde estavam os famosos? Os artistas? Todos trancados dentro de casa.

Até o artista que fazia shows pelo Brasil para milhares, para multidões, mas nunca tinha feito um show dentro de casa, para a família; na pandemia, foi obrigado a fazer live em sua própria casa.

Foi preciso uma desgraça, uma pandemia, que nos deixou sem saída e sem poder sair de casa com tranquilidade, para chegarmos à conclusão de que existem valores que são muito maiores do que nossas riquezas. É preciso entender que a riqueza não tem nada a ver com valor. Há pessoas que têm valores, e não são ricas; há quem tem riqueza, mas não tem valores.

E agora eu pergunto: como tem sido a vida de vocês depois que tudo isso passou? Aprenderam algo com o isolamento?

Espero que tenham entendido que a vida não se resume a bens materiais, a status e a riqueza. O que importa é o que somos, quem está ao nosso lado e como Jesus está na nossa vida. As maiores riquezas, os maiores valores do homem e da mulher, se resumem a quatro coisas: Deus, amigos, família e saúde.

Tomara que eu e você tenhamos aprendido os verdadeiros valores da vida.

O homem decepciona, Jesus Cristo, jamais.

A quem você prefere ouvir?

11
Tenha pressa!

E o Evangelho diz em Lucas 1:39-40: "Maria partiu apressadamente a uma cidade de Judá. Ela entrou na casa de Zacarias e saudou Isabel".

O trajeto para Maria chegar até a Judeia era bastante montanhoso. Difícil. Mas ela não se preocupou com a montanha à sua frente, ela simplesmente foi.

Você não tem que se preocupar com a montanha à sua frente, você tem que subir. Tem que ter um objetivo e segui-lo. E Deus vai com você. Você pode me dizer: "Padre, por que tanta pressa? Tudo na vida tem seu tempo".

Mas essa pressa vem do desejo de ajudar. E, na vida, precisamos, sim, de alguma pressa, porque, para algumas coisas, o tempo não espera. O agora não poderá mais ser vivido. Precisamos ter pressa no amor, em amar e perdoar. A vida é muito curta e passa tudo muito rápido. Claro que a gente sofre, mas Deus não nos quer tristes. Pare de sofrer.

Deus quer você sorrindo, pare de sofrer. E, se for para sofrer, que seja pelo menos na academia. Lá, a dor traz resultados. Não tenha medo de ser diferente, tenha medo de ser igual.

Quando me dizem: "Nossa, padre Alessandro, você é um padre tão diferente!". Eu fico feliz, porque não sou igual aos outros.

Certa vez, em uma entrevista, me perguntaram por que eu era padre, por que não me casei, se eu não fosse padre, o que eu seria? Bem, eu seria o homem mais infeliz do mundo!

Não importa a aparência, mas a essência. A gente tem que ser feliz, sonhar, levantar e lutar.

Tem gente que fica o tempo todo sonhando na cama, mas não vai à luta.

"Poxa, padre, eu tento e tento e não consigo!" Eu te digo, talvez você esteja tentando errado. Porque uma coisa é fato: se precisa forçar, é porque não é do seu tamanho. Acontece com sapato, roupa, relacionamento, amizades. Não força, não, deixa nas mãos de Deus senão você vai se frustrar.

Quem força uma situação vai viver no aperto e na dor o tempo todo. Deus nos ajuda e nos dá sinais. Por isso que Ele deixa cada coisa no seu lugar.

Existem situações na vida em que a gente precisa se colocar diante da presença de Deus e pedir a Ele que nos ajude, porque sozinhos não conseguimos. Há momentos em que só precisamos e dependemos da graça de Deus.

Ainda que venham as atribulações, sofrimento e perseguições. Ainda que venham as críticas, não se preocupe com que os outros pensam de você, se preocupe com o que Deus pensa de você.

Quando alguém diz para mim: "Padre, o que as pessoas dizem de você de chapéu, calça branca apertada, bota?".

O que as pessoas pensam eu não sei nem quero saber, mas o que Jesus pensa de mim, isso, sim, me importa e eu sei: Ele me ama do jeito que eu sou.

É muito bom sentir a presença de Deus, ser padre, ser religioso.

O que os outros pensam? Não sei. Mas o que Deus pensa eu sei.

Uma vez, quando me fizeram perguntas como essa, cheguei a responder muito mal-educado, e descobri na prática que o silêncio é a melhor resposta para aqueles que dão palpites indesejados.

Por isso, tenha pressa em descobrir quem você é de verdade, longe dos Stories, das redes sociais e das pessoas que julgam as suas atitudes. Tenha pressa em se encontrar, em encontrar a verdadeira essência do seu eu interior. Só assim conseguimos permanecer tranquilos nos ensinamentos de Jesus.

Não tenha medo de ser quem você é. Use este espaço para refletir e escrever o que realmente te faz feliz, sem se importar com a opinião e o julgamento dos outros. Você é amado por Jesus exatamente do jeito que você é. Não tema ser quem você é.

Eu sou...

_____
_____
_____
_____
_____
_____
_____
_____
_____
_____

E Jesus me ama assim, por isso, eu não temo, não sofro.

*Deus sempre nos ouve,
mas, se não fizermos
a nossa parte,
nada mudará.*

12
Não tenha medo de ser feliz!

Eu digo sempre que temos que aproveitar bem o nosso tempo e sermos felizes, porque Deus nos criou com esse propósito. Em João 10:10, Jesus disse: "Eu vim para que tenham vida, e a tenham em abundância".

Todo mundo, em algum momento da vida, precisa parar para beber água e matar a sede. Você pode ser a pessoa mais importante, mais rica, mais bonita ou mais saudável, mas há um momento em que você vai ter que parar para tomar água, porque está com sede. "Sede do que, padre?" E eu te respondo: do que você precisa se saciar?

A mulher samaritana, quando foi buscar água, teve um encontro: com Jesus Cristo. Agora, você deve saber que judeus e samaritanos não se davam. E essa mulher era samaritana, e Jesus, judeu. Ele estava sentado no poço, esperando por esse encontro. Jesus está sentado nos esperando, Ele espera por você. Ele esperaria muito mais do que 24 horas por você.

Jesus espera que você vá tomar água, que vá falar com Ele. Ele é a água viva, e, sem Ele, você não é nada. "Mas eu não sinto sede", muitos já me disseram. Bom, em algum momento, você vai ter sede, uma sede que só pode ser saciada por uma água viva chamada Jesus Cristo.

Talvez você pense que pode saciar essa sede com dinheiro, sucesso, beleza, luxo, mas está enganado, essa sede é de água pura, viva, uma água que, ao ser bebida, acabará com a sua sede por todo o sempre.

No encontro entre a mulher samaritana e Jesus, ela começa a conversar com ele – o que hoje se chamaria de se confessar com Jesus –, e abre seu coração para Jesus. De uma forma natural, começa o diálogo entre eles. Esse Evangelho é espetacular, e é um dos que eu mais gosto. Ele traz uma mensagem fortíssima para você, mulher, que está desanimada, triste e deprimida.

A mulher samaritana conversou com Jesus e contou de sua vida para Ele. E, por isso, quando sentimos sede, precisamos ir à fonte de água viva, no endereço certo, encontrar com Jesus e fazer o quê? Conversar, nos abrir com ele. Jesus escutou aquela mulher e, de repente, o que Ele faz? Ele começa a entrar na intimidade dela, e como a gente sabe disso? Porque Jesus fez um pedido muito específico àquela mulher: "Vai chamar teu marido e volta aqui!", ao que ela respondeu: "Eu não tenho marido". Jesus, então, disse: "Disseste bem que não tens marido. De fato, tiveste cinco maridos, e o que tens agora não é teu marido. Nisto falaste a verdade" (João 4:16-18). E ela levou um susto.

Ela queria esconder alguma coisa de Jesus, mas não adianta esconder nada de Jesus. Entenda isto: enquanto você não confessar tudo a Jesus, sua vida não vai mudar. Não adianta ir à igreja, não adianta contar a Jesus só a metade do que acontece na sua vida, porque, para Ele, não existe metade: ou você é quente ou você é frio, porque os mornos... Vou ser muito sincero e vomitar umas verdades agora. Sabe por que a vida de muitos católicos não vai para a frente?

É porque a igreja está cheia de católicos que fingem, cheia de cristãos que fingem estar com Jesus Cristo, mas não estão! Estão com Jesus Cristo pela metade! Mas, com Deus, nada funciona pela metade: ou é sim, sim; ou é não, não.

E aquela mulher samaritana queria esconder a verdade de Jesus, mas Jesus é a verdade. Naquela hora, ela começou a perceber que não estava falando com qualquer um, mas com Cristo, o Messias, com o Mestre, com Deus!

É por isso que a gente não consegue entender o porquê de nossa vida não ir para a frente. "Por que, padre, dou um passo para a frente e cinquenta para trás?" Por que será? Hoje, eu convivo com pessoas importantes, ando em meio a artistas e famosos, ricos, globais. Eu os conheço e convivo com eles, e muitos me perguntam: "Padre, por que eu sou bonito desse jeito, tenho poder, sucesso e dinheiro, mas não sou feliz?". E isso é fácil de responder. A pessoa pode ser a mais importante do mundo, a mais rica, a mais poderosa, pode ter tudo, mas, se não tiver Jesus Cristo, não tem nada! Minha avó dizia: "Quanto mais alto você estiver, cuidado, pois pior será seu tombo".

Sem um encontro íntimo e pessoal com Jesus, um dia você vai cair. E, quanto mais alto estiver, pior será seu tombo. Até quando você vai viver essa vida de frustração? Até quando você vai viver essa vida de mentira? De hipocrisia? Até quando vai continuar vivendo a vida por causa dos outros? Até quando vai continuar vivendo para os outros?

==Esqueça os outros, seja feliz com Jesus Cristo. Independentemente do que os outros pensem ou falem de você, Deus te criou para ser feliz! Esse é o desejo dele!==

*Viva a sua verdade
e, assim, encontrará
a felicidade na
Palavra de Deus.*

13
Senhor, fale comigo, quero te escutar!

"Pois os meus pensamentos não são os vossos pensamentos, e vossos caminhos não são os meus. Pois tanto quanto o céu acima da terra, assim estão os meus caminhos acima dos vossos e meus pensamentos distantes dos vossos. E como a chuva e a neve que caem do céu para lá não voltam sem antes molhar a terra e fazê-la germinar e brotar, a fim de produzir semente para quem planta e alimento para quem come, assim também acontece com a minha palavra: Ela sai da minha boca e para mim não volta sem produzir seu resultado, sem fazer aquilo que planejei, sem cumprir com sucesso a sua missão", diz o Senhor em Isaías 55:8-11.

Gênesis 1:2 nos diz: "A terra estava deserta e vazia, as trevas cobriam o abismo". Por várias vezes, a Palavra diz "Deus fez" e também "Deus viu o que era bom". Criou o céu e a terra, os animais e fez os homens criados a sua imagem e semelhança. E fez tudo com amor, porque Deus nos ama e nos criou para dominar os outros animais da face da terra.

Deus separou a luz das trevas e viu que era bom. E é bom separar a luz das trevas. E por isso Deus criou o dia e a noite, e eles não se comunicam. E, assim como o dia e a noite, a vida do cristão também deve ser separada: trevas e luz.

Quem é cristão de verdade precisa saber separar a luz das trevas, o mal do bem. E se você não faz isso na sua casa, na sua família e na sua vida, não está sendo um cristão autêntico e coerente.

A noite tem tempo para acabar, a noite não dura a vida inteira, as trevas não duram a vida inteira. Quanto mais parece que está escuro, melhor sinal é. Significa que o amanhecer está chegando. Deus sempre nos surpreende!

"Senhor, te exaltarei porque me livraste e não deixaste zombar de mim meus inimigos. Senhor, meu Deus, a ti clamei e me curaste. Senhor, tu me fizeste voltar do abismo, restituíste-me a vida para eu não descer à sepultura. [...] Se de tarde sobrevém o pranto, de manhã vem a alegria." (Salmos 29:2-4, 6)

É assim a vida daquele que conhece a Jesus Cristo: essa pessoa sabe que a noite tem tempo para acabar, que o sofrimento e as trevas vão passar!

Deus quer dizer para nós: "Oh! Todos que estais com sede, vinde buscar água! Quem não tem dinheiro venha também comprar para comer; vinde comprar sem dinheiro vinho e mel, sem pagar! [...] Procurai o SENHOR enquanto é possível encontrá-lo, chamai por ele agora que está perto." (Isaías 55:1,6)

Jesus é maravilhoso e nos ensina e usa de uma pedagogia que é a melhor de todas. Ele diz: "Eu sou o pão vivo que desceu do céu. Quem come deste pão viverá eternamente" (João 6:51). Ele é o caminho, a verdade e a vida. E diz que é a água viva; quem bebe dela nunca mais terá sede.

Sempre vamos sentir sede, e não é essa sede que a gente mata quando bebe água. Por isso o importante não é matar a sede física, mas a espiritual, e possuir a fonte e a fonte se chama Jesus Cristo! Só que nós cometemos um pecado grave: "Abandonaste a fonte da sabedoria! Se tivesses andado no caminho de Deus, agora estarias morando em paz sem fim" (Baruc 3:12-13).

Você deve estar se perguntando qual é a fonte dessa sabedoria, pois eu te respondo! Ela é o livro dos mandamentos de Deus, é a lei que permanece para sempre, e todos os que a seguem têm a vida, e quem a abandona tem a morte. Felizes somos nós por conhecermos o que agrada a Deus. Só Ele tem palavra de vida eterna.

Cuidado com o que você pede, Deus sempre atende os nossos pedidos.

14
Coragem!

Ainda que venham noites traiçoeiras, mesmo que a cruz esteja pesada, Deus está contigo e te quer sorrindo.[6] Diz a Palavra que nós somos cabeça dura. A nossa cabeça é tão dura que, às vezes, precisa realmente usar um machado para abrir. Tudo isso porque não queremos receber, escutar nem enxergar.

E você, está pronto para ouvir a Palavra de Deus?

Êxodo 3, uma leitura muito conhecida do Antigo Testamento, narra o encontro de Moisés com Deus, que aparece através da sarça de fogo. Esse encontro de Deus com Moisés, frente a frente, resulta em uma situação que tem tudo a ver com a nossa vida. Moisés, como muitos de nós, era curioso, e foi se aproximar da sarça, do fogaréu, da chama que ardia em meio à planta, mas ela não queimava. Intrigado com a visão extraordinária, quis saber o que estava acontecendo e se aproximou, demonstrando **coragem** – grave essa palavra, porque vou voltar a ela.

Moisés não se intimidou, ele demonstrou coragem – aquilo que muitos de nós não temos. Por conta disso, a nossa vida não vai para a frente. Se nos falta coragem, abrimos espaço para o medo. Sem coragem e com medo, demoramos para tomar as decisões sérias da vida, e vamos protelando a nossa felicidade.

---

6. NOITES traiçoeiras. Intérprete: Padre Marcelo Rossi. Compositor: José Carlos Papae. *In*: Minha Bênção. Rio de Janeiro: Sony Music Entertainment Brasil, 2006.

Até quando você vai continuar a protelar a sua felicidade? Até quando vai esperar para tomar decisões sérias na sua vida? Até quando vai ficar sem coragem de se aproximar dos seus problemas e resolvê-los?

Moisés respondeu: "Aqui estou!", ele não correu e estava em seu pleno direito de sentir medo. Imagina ter uma visão dessas, de frente a um fogo que ardia sem consumir o espinheiro, e uma voz falando com você. Moisés, ainda assim, se aproximou.

Lembro que aprendi, também com minha avó, que nós temos que ter coragem. Não podemos deixar o medo invadir a nossa vida e destruir a nossa felicidade, os nossos projetos, nossos sonhos. Quando tememos o inimigo, perdemos a guerra, quando tememos nossos problemas, eles se tornam muito maiores do que realmente são. E a Palavra de Deus, nessa passagem de Êxodo, traz para mim e para você esta lição: é preciso ter coragem, não podemos ter medo.

É muito interessante quando estamos diante de um cachorro. Sabe aquele ditado que diz: "cão que ladra não morde"? Pois bem. Às vezes, a gente passa em frente a uma casa – e todo vizinho tem um cachorro, e lá está o bichinho latindo – e fica com medo. Então a dona vem e abre o portão, e ele começa a abanar o rabinho para você.

Os problemas, às vezes, assim como os cães que ladram, parecem maiores, grandes demais, mas quando você os encara, quando chega perto, vê o problema todo pequenininho, vê que ele é tão simples e que você protelou tanto tempo para resolver algo assim, que passou anos sofrendo por aquilo. E aí olha para trás e se pergunta: "Por que eu não tomei essa decisão antes? Quanto tempo eu perdi?".

É necessário enfrentar os problemas, não adianta correr. Deus não gosta daqueles que desistem por qualquer motivo. Desistir é a saída dos fracos, insistir é saída dos fortes.

É preciso encarar os problemas com coragem, com força de vontade, com determinação, e é isso que está faltando hoje em dia. Você precisa ser determinado! Não adianta ficar pensando, não adianta ficar sonhando. Tem gente que quer ficar vivendo de sonhos, acorda de manhã e nem se anima a levantar para ir em busca dos objetivos, dos sonhos, dos projetos, simplesmente fica na cama.

Então ou você levanta e vai em busca dos seus sonhos, vai encarar os seus problemas e tentar resolvê-los, ou volta pra cama e continua sonhando. Muitas pessoas não conquistam nada porque ficam só no plano das ideias, ficam só dormindo, às vezes, até demais.

Minha avó costumava dizer que o passarinho que acorda cedo bebe água limpa. E o que ela queria dizer com isso? E eu lá queria entender na época? Mas hoje eu entendo! Você tem que ser o primeiro, não pode esperar o outro, não. "Eu vou lá, vou tomar a frente, vou conseguir, vou conquistar, vou lutar, vou fazer dar certo!".

Olha que bonito o exemplo de Moisés, que, como diz a Palavra, estava apascentando o rebanho com o sogro e, de repente, sem que ninguém previsse, chega ao monte de Deus, no monte Horebe. Então aparece o anjo do Senhor, em meio ao fogo, lá na sarça ardente, e Moisés fala: "Deixa eu ver o que é isso aqui".

E é o que precisamos fazer: encarar os problemas de frente. Custe o que custar, doa a quem doer, mas temos que encarar, que resolver, não dá mais para ficar vivendo na tristeza, não dá mais para ficar vivendo na angústia, no sofrimento, na depressão, esperando que as coisas caiam do céu!

Deus ajuda quem cedo madruga! **Deus sempre vai fazer aquilo que você não pode fazer, mas ele vai esperar que você faça tudo o que pode.** Claro! Tudo que é impossível para os homens, é possível para Deus. Eu acredito nisso.

E também não dá para esperar resultados diferentes fazendo tudo sempre igual. Quem quer resultados diferentes na vida precisa fazer diferente, fazer a própria parte. Tem que dar o primeiro passo. Deus não vai mudar a sua vida se você não mudar primeiro. Então, pare de culpar o outro. Para de apontar o dedo para o outro. "Ah, não deu certo porque é culpa de fulano", "Não deu certo porque é culpa de sicrano". Não! Não deu certo por culpa sua, por causa do seu comodismo, por causa da sua tristeza, por causa da sua angústia, por causa da sua depressão, por causa da sua cara feia, do seu ressentimento, da sua briga, da sua vaidade, do seu orgulho.

Então por que continuar fazendo as mesmas coisas, cometendo os mesmos erros, pelo amor de Deus? Não adianta ir para a igreja, não adianta rezar todos os rosários, todas as novenas, todos os dias, se você não muda, se não faz a sua parte, se não dá o seu passo, se não decide. É preciso decidir ser feliz, mesmo que venham mais noites traiçoeiras.

Voltando a Moisés, quando ele parou de frente para a sarça, teve uma visão de Deus. Então se aproximou mais, e Deus lhe disse para tirar a sandália dos pés, pois o lugar onde ele estava era terra santa. É quando Deus se apresenta para ele: "Eu sou o Deus de teu pai, o Deus de Abraão, o Deus de Isaac, o Deus de Jacó" (Êxodo 3:6).

Deus dá uma ordem a Moisés, dizendo-lhe: "Vou te dar um trabalhinho para fazer". E Moisés pergunta: "O que é, Senhor?". Então Deus diz: "Você vai fazer o seguinte: vou te enviar para o Faraó para que você faça sair do Egito o meu povo, os filhos de Israel".

Deus deu a Moisés a missão de libertar os israelitas que estavam cativos no Egito. E Moisés disse a Deus aquilo que você já disse uma vez: "Quem sou eu para ir ao faraó e fazer sair os israelitas do Egito?" (Êxodo 3:11). A primeira coisa que costumamos fazer é isto: ser negativos.

Deus nos ensina a ir em busca de mais, sempre há tempo, sempre há oportunidade. Mas, assim como Moisés, a gente diz: "Quem sou eu?". Quantas e quantas vezes que eu e você falamos isso diante de uma situação: "Quem sou eu para resolver esse problema?". Quando Moisés disse "Quem sou eu?", sabe o que Deus respondeu para ele? "Eu estarei contigo!" (Êxodo 3:12).

O dia que você entender que Deus é contigo, que nenhum mal há de chegar perto de ti, que nenhuma desgraça baterá à sua porta, porque o Senhor deu uma ordem para os seus anjos irem em todos os caminhos. "Cairão mil ao teu lado e dez mil à tua direita; mas nada te poderá atingir." (Salmos 91:7)

Todos nós temos problemas, no lado profissional, na vocação, na vida familiar, afetiva, no relacionamento... Quem diz que não tem problema está mentindo. Todos nós temos, mas é preciso acreditar em Deus. "Estou contigo!", Deus disse para Moisés. E também está dizendo para mim e para você. E se Deus está contigo, se Deus está comigo, quem temerei?

O pior de tudo é perder tempo: perder tempo chorando, perder tempo angustiado, perder tempo triste. Para de perder tempo, meu irmão. O tempo é importante! Depois de tantos anos como padre, eu vim a descobrir o quanto o tempo é importante.

O que você está esperando para tomar a sua decisão? A mensagem de Deus é: "Decida, tenha coragem, Eu estou contigo". Se você está com medo, se não decidiu, preciso te lembrar que é preciso ter coragem, que é preciso ter fé. Diante de tudo o que escrevi aqui, se o medo era o problema, nós vamos resolver, quero te ajudar a resolver, me deixa te ajudar!

A primeira coisa que você vai fazer para decidir ser feliz é começar a separar da sua vida tudo o que te faz mal. O seu relacionamento te faz mal? O trabalho te faz mal? Há tantas situações que te fazem mal, mas você não pode permitir mais. A partir de hoje, não permita que continue acontecendo. Deus quer te ver feliz, Ele te criou para ser feliz, mas a decisão é tua, coragem!

Não demore muito. Não se preocupe com o que os outros vão dizer, não se preocupe com a internet, com as redes sociais, com os jornais, a televisão, não se preocupe com o que a sua família vai pensar, o que os amigos vão dizer, não se preocupe com isso. Deus está com você! "Eu estou contigo!"

Hoje, meu querido leitor, a palavra de profecia é esta: "Eu estou contigo!". Há pessoas com medo de tomar uma decisão, por medo de ficarem sozinhas, por medo até mesmo de trocar de emprego, mudar de casa, de sonho. Muda, meu irmão! Se está te incomodando, se está te fazendo mal, você tem que tirar isso de você!

Você não está sozinho, não ficará sozinho, porque Deus disse: "Eu estou contigo!".

Comece agora a listar as situações que precisam ser retiradas da sua vida:
___
___
___
___
___
___

Ao terminar a lista, faça a seguinte oração:
"Tira, Senhor, do meu caminho, da minha vida, dos meus sonhos, tudo isso que está me fazendo mal, me causando tristeza, trazendo angústia, causando depressão, causando situações que só me fazem chorar. O mundo está me fazendo chorar, mas eu tenho que sorrir, porque o Senhor me criou para sorrir, para ser feliz, para ser um vencedor."

Deus está contigo.
SEMPRE.

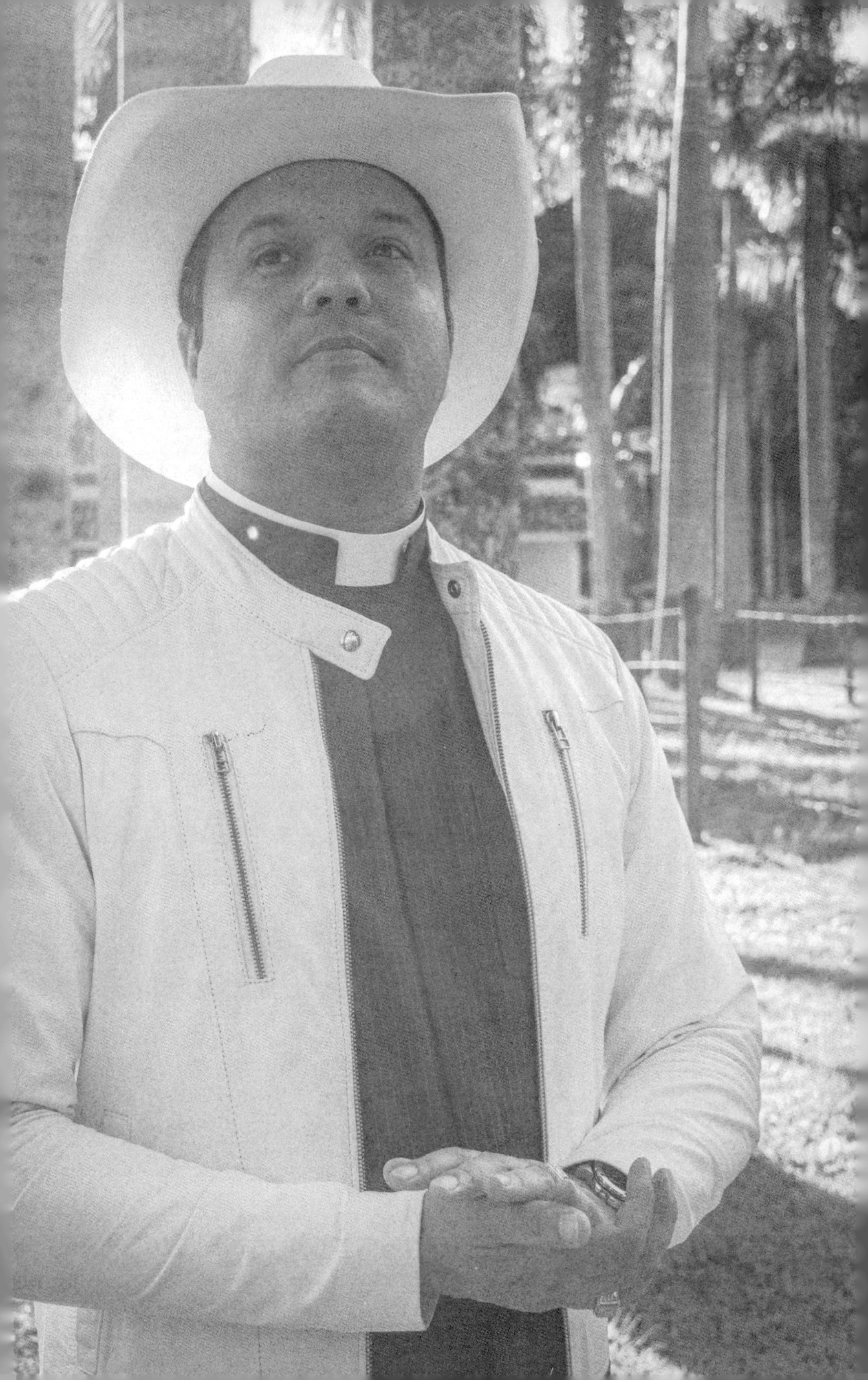

15
O que você sabe sobre Deus?

Primeiro, é preciso entender que a Palavra de Deus é totalmente contrária àquilo que pensamos, esperamos e desejamos. No dia a dia, assim como temos a Palavra de Deus nas nossas vidas, também passamos por muitos momentos de contradição. Com Jesus também não foi diferente. Por um bom tempo, Ele não foi compreendido até mesmo pelos próprios discípulos. Muito deles pensavam diferente de Jesus, imaginam que as coisas deveriam acontecer de outro modo, e Jesus os tirava de fora do trilho e os colocava no trilho de novo. A primeira contradição, segundo a carta de São Tiago 4:3, é: "Pedis, sim, mas não recebeis, porque pedis mal". Ora, a Palavra de Deus me lembra o seguinte: pedis e recebereis; bata à porta, e ela será aberta. A resposta, para mim e para você, é muito simples: não recebeis porque pedis mal. "Pois o que pedis, só quereis esbanjá-lo nos vossos prazeres."

É preciso entender que Deus não é obrigado a fazer as nossas vontades. Deus não é empresário, Deus não é médico, Deus não é advogado, Deus não é corretor. Nós é que temos uma definição muito errônea de Deus.

A maior prova disso é que tudo o que Lhe pedimos está relacionado a bens materiais, que nos dão ou vão trazer prazeres.

O que pedimos a Deus? Uma casa, um carro, para resolver causas da justiça. Se você percebe que todos os pedidos estão relacionados a coisas materiais que trazem prazer, então está pedindo mal.

Como quando você pede um emprego para Deus, mas fica em casa dormindo. Você só vai conseguir um emprego se sair! Emprego nenhum bate à porta de casa. Como é possível querer um emprego quando se acorda às dez da manhã? Deus já te deu vida, saúde, coragem... o resto é consequência. Você tem que ir em busca, tem que ir atrás. Deus não dá nada de mão beijada. Ele te dá condições para ir atrás. Você deseja um carro? Então trabalhe para ter. Deus vai te dar saúde, força, vai fazer com que estude e consiga um bom emprego.

"Ah, mas, padre, então o que tenho que pedir pra Deus?". Sabedoria. Sabe por quê? Quando você pede sabedoria, consegue tudo! Consegue administrar tudo: seu emprego, sua vida, seu casamento, seu estudo, sua vocação, porque assim você não estará pedindo para seu prazer, mas, sim, sabedoria divina.

Não adianta pedir intelecto. Isso você conquista quando estuda. Mas a sabedoria vem do alto. Sabe por que sua vida muitas vezes é frustrada, amargurada e sua família está destruída? Porque está preocupado com coisas materiais, não com as coisas de Deus, com o que vem do alto! O dia que você começar a buscar as coisas do alto, sua família vai ser diferente, sua vida vai ser diferente, seu casamento vai ser diferente, seu emprego vai ser diferente. Porque você se preocupou com aquilo que é essencial e importante. Lembra o que nos diz a Palavra em Mateus 6:33? "Buscai em primeiro lugar o Reino de Deus e a sua justiça, e todas essas coisas vos serão dadas por acréscimo".

Não adianta vir para a igreja se ajoelhar e ficar pedindo coisas materiais, Deus não vai dar! Ele não é para isso, ao contrário do que muitas outras igrejas dizem: "Venha pra cá que você vai arranjar um emprego, vai ter carro". Quando você liga a televisão em muitos canais que pregam a Palavra, quais testemunhos você mais escuta? "Eu estava na merda e agora tenho uma empresa!", "Agora eu tenho tudo!", "Não tinha casa pra morar, agora tenho cinco!".

Preocupações com prazer, isso não tem nada a ver com Deus. Peça sabedoria para administrar a sua vida, peça luz! Isso quem está dizendo é São Tiago. Pare de pedir mal!

E isso é um problema sério na vida de muitos cristãos católicos, que fazem uma confusão da Palavra de Deus. Uma pena que muitos de nós vão à igreja para fazer compras, como se estivessem num supermercado. Vai até a prateleira e pega o que você quer. Muitos vão à missa só para isso! Muito antes de começar a missa, já está pedindo carro, casa e ajuda para pagar as contas! Deus não é o culpado por você não saber administrar suas finanças, Deus não é o culpado se você ganha mil reais, mas gasta vinte!

Você é imprudente, construiu sua casa sobre a areia. Veja o que nos diz a Palavra em Mateus 7:24: "Quem ouve estas minhas palavras e as pratica é como um homem prudente que construiu a sua casa sobre a rocha". Que construiu a casa sobre Jesus Cristo, ou seja, sobre a sabedoria! E o que mais uma vez nos lembra a Palavra de Deus em Provérbios 14:1? "A sabedoria das mulheres edifica a casa, a insensatez a destrói com as mãos."

E a culpa é de Deus? Não! A culpa é sua, a culpa é minha, a culpa é nossa. Está na hora de termos uma fé madura. Precisamos refazer nossa catequese, rever nossos conceitos, precisamos entender melhor a Palavra de Deus!

Deus não é um Deus que está aqui para servir, não! O nosso não é um Deus que sai distribuindo as coisas, não! Imagina se ele saísse dando carro para todo mundo, casa para todo mundo, dinheiro para todo mundo? Deus distribuiu a vida! Ele nos deu a vida, e este é o presente de Deus: "Eu vim para que tenham vida, e a tenham em abundância" (João 10:10).

Como, padre? Buscando primeiro o Reino de Deus e sua justiça, assim todas as coisas lhes serão dadas! Quem tem Deus e sabedoria consegue administrar a vida. E quem não tem? Destrói. Tantas famílias destruídas por falta de sabedoria, e você se preocupando com tantas coisas, menos com a sabedoria de Deus.

Interessante, né? A cada dia que passa, eu vou entendendo aos poucos e me convencendo mais de que, para sermos felizes, precisamos de muito pouco, de pouca coisa, mas precisamos de tudo de Deus. Se tivermos o todo, o todo que é Deus, outras coisas passam a não ter mais tanta importância.

É bom a gente entender um pouquinho onde está a raiz de muitas maldades, de muitas coisas que não entendemos. São Tiago responde a perguntas que nós sempre fazemos: "De onde vêm as guerras?", "De onde vêm as brigas?", "De onde vêm tantas desgraças?", "De onde vem tanta violência?". Tudo isso vem justamente das paixões que estão dentro do seu coração!

Deus não é o culpado das nossas transgressões, das nossas más escolhas, Deus não é o culpado da nossa ignorância, do nosso desamor e da nossa falta de fé. O culpado é você! Sabe por que você está cheio de dor, perdendo noites de sono e cheio de dívidas? Porque comprou mais do que devia, e coisas de que não precisava.

Perdeu a paz, né? Não consegue comer, está preocupado. Se suas preocupações mais prementes fossem Jesus Cristo, certamente estaria mais tranquilo.

O que acontece com quem não tem sabedoria e não tem Deus no coração? Se preocupa só com prazeres, com coisas, e não com a essência da vida e da felicidade plena.

"E existe uma única receita para nossa felicidade, padre?"

Claro que existe, e está em Salmos 53:6: "O Senhor sustenta a minha vida". É o Senhor que nos protege e ampara!

*Deus sempre sabe
o que fazer.
E você, o que sabe
sobre Deus?*

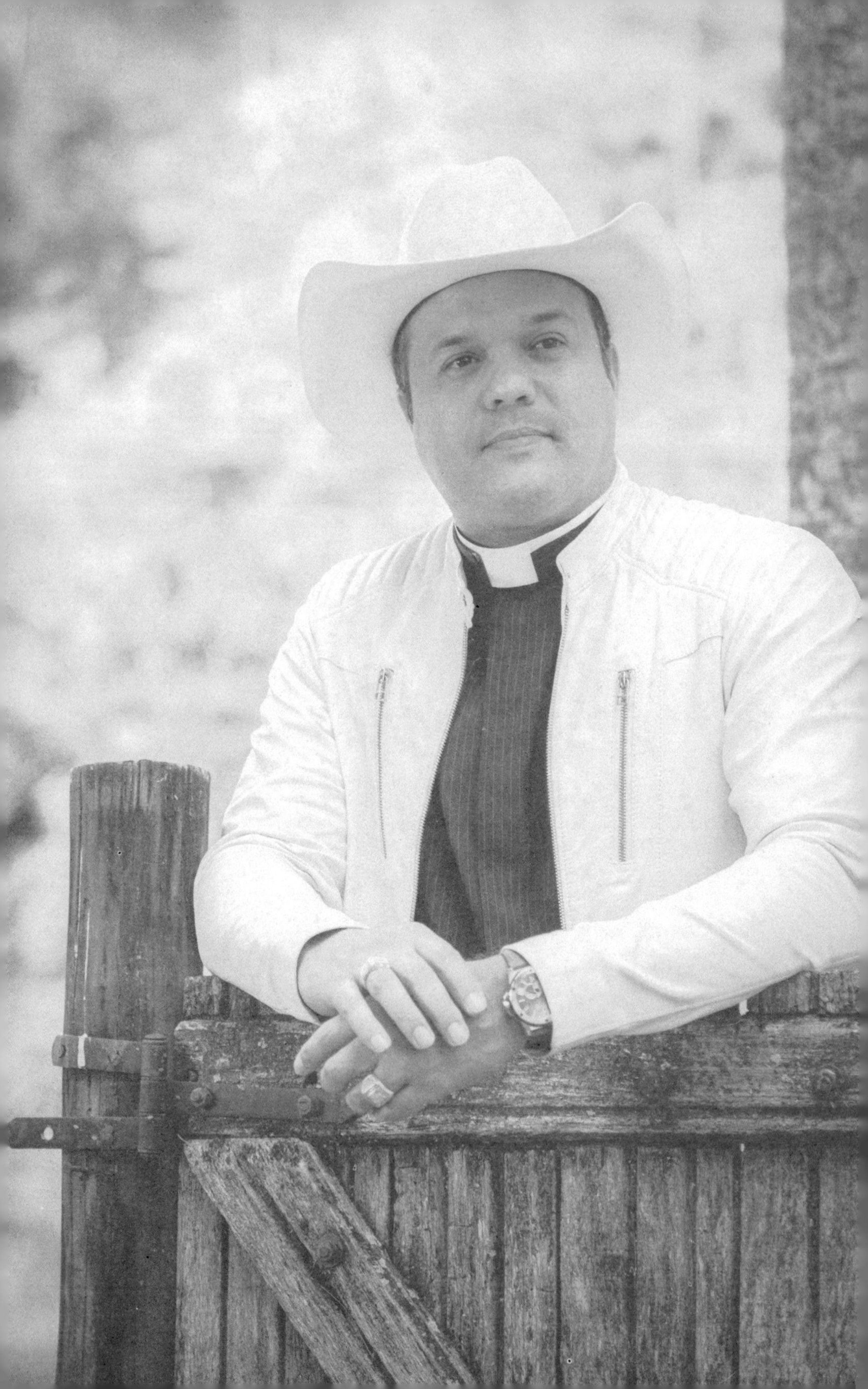

16
Se alguém guarda raiva contra o outro, como poderá pedir a bênção?

Veja só o que diz a Palavra do livro do Eclesiástico 27:33; 28:1-4: "Ira e furor são duas coisas execráveis: até o pecador procura dominá-los. Quem quer se vingar encontrará a vingança do Senhor, que pedirá severas contas dos seus pecados. Perdoa ao próximo que te prejudicou: assim, quando orares, teus pecados serão perdoados. Um ser humano guarda raiva contra outro: como poderá pedir a Deus a cura? Se não tem compaixão do seu semelhante, como poderá pedir perdão dos seus pecados?". Note que a Palavra de Deus é muito clara. Preste bastante atenção se você tem rancor, raiva e ódio no seu coração.

Há pessoas que falam com uma facilidade: "Ah, eu tenho uma raiva do fulano"; "Padre, meu coração está com raiva". Pior ainda quando você diz: "Nossa, eu tenho ódio do Fulano, não posso ver nem pintado de ouro". A Palavra de Deus diz que ira e furor são coisas detestáveis. Depois diz que quem se vingar encontrará vingança. Cuidado, porque o que você planta, você colhe. Em outras palavras, é isso que está nos dizendo a Palavra de Deus.

O que você plantar é exatamente o que vai colher. Isso serve para nossa vida em todos os âmbitos, seja no afetivo, seja no profissional, no âmbito familiar, no âmbito fraterno. Em qualquer circunstância: ira e furor são coisas detestáveis e nada os justifica.

E digo isso porque temos mania de justificar nossos erros, queremos justificar a raiva, queremos sempre arrumar uma desculpa para a ira, queremos justificar o rancor. Às vezes, as pessoas me procuram e querem me convencer de qualquer forma e maneira de que o furor que ela sente no coração tem justificativa. Mas não tem. Nada justifica um coração amargurado e raivoso, não é esse o projeto que Deus tem para nós.

Ele não nos criou para viver com rancor, com a raiva, com o ódio, Deus não nos criou para sermos pessoas vingativas. Você que gosta da vingança, que fica pensando *Eu vou me vingar. Aquela pessoa que fez mal pra mim, que me maltratou, me fez o mal, vai ter que pagar. Eu vou fazer justiça com as próprias mãos*, eu lhe digo: Não! Deixe que a justiça venha de Deus, deixe que também a justiça dos homens seja feita. Fique tranquilo. Ninguém planta banana e colhe feijão. Se você planta banana, vai colher banana. Se você planta feijão, vai colher feijão. E quem nos faz mal vai colher o mal, ainda que demore.

Você colhe na vida exatamente aquilo que planta, isso está mais do que comprovado. E sabe por que Deus não nos criou para o rancor, para a furor, para a ira, nem para a vingança? Porque Ele quer que eu e você tenhamos livre acesso a Ele. E não temos livre acesso a Deus se estivermos com o coração cheio de rancor, de mágoa, de raiva.

Às vezes, acontecem coisas na nossa vida que nós não conseguimos entender o porquê, quando, na verdade, a Palavra de Deus é tão clara. Quando ela nos ensina, numa clareza tamanha, mas nós não queremos entender. Olha só o que Deus está nos dizendo, escuta: se alguém guarda raiva contra o outro, como poderá pedir a cura a Deus?

Como é que uma pessoa irada, enfurecida, rancorosa, carregando um monte de mágoas, pode estar enfiada dentro da igreja rezando, assumindo compromissos pastorais, estando à frente de algum trabalho, pregando a Palavra, falando sobre amor e perdão? Pregando uma coisa que ela não vive?

Vou te contar algo que aconteceu com uma paroquiana minha, quando eu era pároco lá em Brasília. Ela já vivia há mais de vinte ou trinta anos, não me recordo exatamente, com uma dor de cabeça que nada fazia passar. Certa vez, ela me disse: "Padre, não sei mais o que eu faço. Estou há décadas com uma dor de cabeça que nada cura. Todos os dias eu passo horas, madrugadas, acordada. Já tomei todos os remédios, já fiz tudo quanto foi exame, e essa dor de cabeça não sara".

Eu celebrava a missa de cura e libertação em Brasília toda semana, e ia muita gente. Me chamava a atenção quantos milagres, quantas curas que Deus operava naquelas missas. Tenho saudades desse tempo, inclusive. E Deus continuou operando-os.

Voltando à história, o fato é que essa pessoa, certa vez, me disse: "Padre, tem mais ou menos uns trinta anos que eu não converso com a minha irmã". Quando ela disse isso, eu me lembrei de que dias atrás ela tinha conversado comigo e me contado que havia mais ou menos trinta anos que tinha essa dor de cabeça que não sarava.

Daí eu liguei uma coisa com a outra e já encontrei a resposta. A dor de cabeça só seria curada, essa mulher só se libertaria dessa enfermidade, ela só adquiriria o milagre no dia que ela perdoasse a irmã. No dia em que as duas se perdoassem. Deus me inspirou naquele momento para dizer isso para ela.

E eu falei: "Olha, pois eu te digo que não vai ter médico que vai te curar. Eu te digo que você fez todos os exames e vai continuar fazendo exames a vida toda. Vai continuar gastando dinheiro com médicos, com tratamentos particulares, os melhores do Brasil e do mundo, e não será curada dessa dor de cabeça enquanto você não curar o seu coração". Eu comecei a falar para aquela pessoa tudo o que havia acontecido com ela e com a irmã dela quase trinta anos atrás. Ela começou a chorar, caiu em prantos, e eu falei para ela: "Olha, na primeira oportunidade que você tiver, vá se reconciliar com a sua irmã, e você vai ver o milagre acontecer na sua vida".

E ela deu voz ao seu temor: "Mas, Padre, e se ela não me der o perdão?". E eu, claro, respondi: "Se ela não te der o perdão, o problema é dela. Vá buscar o seu, minha irmã. Vá buscar sua cura, vá buscar o seu milagre. Se ela quiser, bem, se não quiser, amém, o problema é dela. Que fique ela com os problemas dela, mas você não pode morrer com esse problema, não pode continuar vivendo assim. Deus não quer que você viva esse sofrimento. Calce as sandálias da humildade e vá em busca do perdão. Se ela errou contra você ou se você errou contra ela, nesse momento não cabe agora julgar quem tem mais culpa. Existe um problema, existe um pecado, existe uma discussão, existe uma situação que tem que ser resolvida, porque se trata de duas irmãs. O sangue que corre nas suas veias é o sangue que corre nas veias da sua irmã. E essa dor de cabeça que você vem tendo há mais de trinta anos é isso! Não tem outra situação, não tem outra explicação: se alguém guarda raiva contra o outro, como é que poderá pedir a cura a Deus? Como é que você pode pedir que Deus aja na sua vida, como é que você pode pedir que Deus realize alguma graça na sua vida se está com o coração cheio de raiva, de rancor, de ódio? Não, não vai ser curado".

Essa história nos mostra que a gente vai entendendo que há sérias situações na vida de cada um de nós que são mal resolvidas. É com isso a gente começa a compreender o porquê de uma determinada doença não ter cura. Já reparou como é o semblante de uma pessoa rancorosa, que tem ódio no coração, que tem raiva? Repare apenas no semblante ressentido dessas pessoas. É um semblante triste, de pessoa doente, enferma, de uma pessoa depressiva de quem ninguém quer estar perto. Veja a diferença que é estar ao lado ou na presença de pessoas alegres, felizes e bem resolvidas.

Eu gosto de estar ao lado de gente feliz. E eu procuro viver o tempo todo com alegria, tento ao máximo ser feliz. Gosto de conviver com gente bem-humorada, com gente que dá risada da desgraça, que conta as desgraças da sua vida e ri. Eu mesmo conto tanta coisa ruim que aconteceu comigo e dou risada. Perceba: é por isso que sou feliz. A Palavra de Deus nos diz em Lucas 6:27: "Amai os vossos inimigos e fazei o bem aos que vos odeiam". Amar os amigos, que diferença faz?

A gente tem que ajudar aqueles que precisam; ajudar quem não precisa, que diferença faz? Ser amigo de quem é seu amigo é muito fácil, quero ver é ser amigo de quem é seu inimigo, de quem deseja o seu mal, de quem não te quer bem. O que você não pode é permitir que o mal que o indivíduo lhe fez faça de você uma pessoa má.

O mal que essa pessoa fez para você é justamente o que você não deve fazer para ela e nem para ninguém. É para você ver o quanto foi ruim e nunca mais causá-lo nem para você mesmo. "Lembra-te do teu fim e deixa de odiar; pensa na destruição e na morte, persevera nos mandamentos. Pensa nos mandamentos e não guardes rancor do teu próximo. Pensa na aliança do Altíssimo, e não leve em conta a falta alheia" (Eclesiástico 28:6-9).

Perdoar é dar ao outro – e a você mesmo – o direito de ser feliz. Corre, vá depressa que ainda dá tempo.

Faça uma lista das pessoas para quem você precisa pedir perdão e faça a oração em seguida:

ORAÇÃO DE PERDÃO

Primeiramente, te agradeço, Senhor, pelo dom da vida. Te agradeço pela família a qual o Senhor escolheu para mim. Te agradeço por tudo que sou e por tudo que o Senhor faz por mim. Não sou digno de tuas promessas nem merecedor de sua imensurável graça, mesmo assim, o Senhor me chama de filho, mesmo quando firo o teu coração com pensamentos, atitudes, palavras, atos e omissões.

Por isso, venho neste momento me reconciliar contigo pedindo perdão, Senhor. Perdão por muitas vezes ser egoísta e não colocar o Senhor como o Único e Soberano da minha vida; perdão, Senhor, por todas as vezes que julguei, que maltratei as pessoas ao meu redor; perdão por muitas vezes ter a língua grande para falar da vida dos outros, às vezes até mesmo de pessoas próximas, como minha família e amigos; perdão por muitas vezes me vitimizar; perdão Senhor, por mentir, por muitas vezes causar intrigas e contendas. Mas te peço perdão, também, por aqueles que causaram isso em mim, pois todos nós precisamos perdoar e ser perdoados. A tua palavra nos diz que não devemos julgar para não sermos julgados.

Arranca de mim as máscaras e revela quem eu sou, me mostra a graça do perdão, me lava e me purifica com teu sangue, junto às pessoas que eu preciso liberar perdão e ser perdoado, seja na minha família, no meu trabalho, no meu casamento, no meu namoro, ou na igreja; em todas as áreas da minha vida.

Amém!

Amai os seus inimigos do mesmo modo que ama os seus amigos.

17
No caixão não tem gaveta! Nada é teu! Não adianta ser o mais rico do cemitério!

A carta de São Paulo aos Romanos 14:7 diz o seguinte: "Ninguém dentre nós vive para si mesmo ou morre para si mesmo". Olha que coisa bonita! "Se estamos vivos, é para o Senhor que vivemos, e, se morrermos, é para o Senhor que morremos. Portanto, vivos ou mortos, pertencemos ao Senhor" (Romanos 14:8). Cristo morreu e ressuscitou exatamente para isso: para ser o Senhor dos mortos e dos vivos.

Você que diz assim: "Não, mas a casa é minha, esse carro é meu, essa fazenda é minha". Eu te digo: "Nada é teu, tudo é de Deus". Não paga o IPVA do seu carro para ver o que acontece. Ou seja, se você não pagar tudo direitinho, alguém vai te tomar. Nada é teu, o caixão não tem gaveta.

Você não leva casa, não leva carro, não leva boi, não leva fazenda, não leva nada. Tudo é do Pai. Toda honra e toda glória, tudo é do Pai; nada é teu. Tudo o que fazemos é para Deus, para a honra e a glória de Deus. Nossa vida é para Deus. Se vivemos e morremos, tudo é para o Senhor, ninguém entre nós vive para si mesmo.

Olha o que diz a Palavra em Lucas 3:11: "Quem tiver duas túnicas, dê uma para quem não tem". Agora é hora de você colocar isso em prática. Não adianta bater no peito e dizer que você é a pessoa mais rica, que a sua conta está altíssima, para quê? Não adianta, eu não quero ser o homem mais rico do cemitério. E você, quer ser o mais rico do cemitério?

Esses dias, passando pelo cemitério de São Paulo, aquele cemitério chique que tem na Consolação, por acaso entrei lá para poder fazer uma visita. Ao passar perto de uma sepultura de uma mulher famosa do passado, rica, famosíssima, pensei: *Pois é, está aí, ó, debaixo da terra. Ser a mulher mais rica do cemitério para mim não interessa. Seja a mulher mais rica de saúde, seja a mulher mais rica de felicidade, de realizar sonhos, seja a mulher mais rica viva, não morta.*

O Evangelho em Mateus 18:21 fala de perdão. Naquele dia, os discípulos se aproximam de Jesus, e Pedro chega até Ele e pergunta: "'Senhor, quantas vezes devo perdoar se meu irmão pecar contra mim? Até sete vezes?' Jesus respondeu: Digo-te, não até sete vezes, mas até setenta vezes sete vezes. O Reino dos Céus é, portanto, como um rei que resolveu ajustar contas com seus servos. Quando começou o ajuste, trouxeram-lhe um que lhe devia uma fortuna inimaginável. Como o servo não tivesse com que pagar, o senhor mandou que fosse vendido como escravo, junto com a mulher, os filhos e tudo o que possuía, para pagar a dívida'".

Mais uma metáfora que Jesus nos traz, mais uma história que conta para ilustrar como será nosso caminho até o véu. E ele continua: "O servo, porém, prostou-se diante dele pedindo: 'Tem paciência comigo, e eu te pagarei tudo'. Diante disso, o senhor teve compaixão, soltou o servo e perdoou-lhe a dívida. Ao sair dali, aquele servo encontrou um de seus companheiros que lhe devia apenas uma quantia irrisória. Ele o agarrou e começou a sufocá-lo dizendo: 'Paga o que me deves'. O companheiro, caindo aos pés dele, suplicava: 'Tem paciência comigo, e eu te pagarei'.

Mas o servo não quis saber. Saiu e mandou jogá-lo na prisão, até que pagasse o que estava devendo. Quando viram o que havia acontecido, os outros servos ficaram muito sentidos, procuraram o senhor, e lhe contaram tudo. Então o senhor mandou chamar aquele servo e lhe disse: Servo malvado, eu perdoei toda a tua dívida, porque me suplicaste. Não devias tu também ter compaixão do teu companheiro, como eu tive compaixão de ti? O senhor se irritou e mandou entregar aquele servo aos carrascos, até que pagasse toda a sua dívida'" (Mateus 18:26-34).

É chocante o que eu vou dizer agora, mas é a Palavra, e eu tenho que dizê-la. Sabe como termina esse Evangelho? "É assim que o meu Pai que está nos céus fará convosco se cada um não perdoar de coração ao seu irmão." (Mateus 18:35)

Deu para entender? Quem planta, colhe. E você vai colher exatamente o que plantou. Cuidado, muito cuidado. Não é esse o desejo de Deus para mim e para você, mas pode ser o meu desejo e o seu desejo para si mesmo. Cuidado, não confunda os seus desejos com os desejos de Deus. Os pensamentos do Senhor não são os nossos pensamentos, os desejos do Senhor não são os nossos desejos, as vontades do Senhor não são as nossas vontades.

Deus pensa muito diferente de nós porque Ele nos ama, porque Ele é amor. Por isso, mais uma vez eu te digo: gaste. Mas não gaste a sua fortuna. Ou melhor, que a sua fortuna seja o perdão e o amor, porque esse é único tesouro que se multiplica por divisão: quanto mais você ama e perdoa, quanto mais você dá, mais você recebe.

*Nada é teu: no caixão
não tem gaveta.*

18
O choro pode durar uma noite, mas a alegria vem logo de manhã!

"Bem-aventurado você que tem fome, porque vai ser saciado", nos diz Mateus 5. A gente pode entender aqui essa fome, essa pobreza, em vários âmbitos. Quantas pessoas têm fome da justiça? Da paz? Do amor? Do perdão? Bem-aventurado você, porque vai ser saciado, bem-aventurado você que está chorando. Quantos de nós choramos? Choramos por várias razões. Eu também choro, e sei que vocês também choram, e cada um tem uma razão por que chorar, mas Deus está dizendo para mim e para você: "Você vai rir, essas lágrimas vão passar".

Tem uma música de que eu gosto que diz assim: "O choro dura uma noite, mas a alegria vem pela manhã".[7] Quando eu ia pra faculdade em São Paulo, eu saía de Mogi das Cruzes às cinco da manhã. Às vezes ia a pé do Jardim Santa Tereza até a estação e pegava o trem. Eu gostava de ir no terceiro vagão, porque nele entravam os nossos irmãos evangélicos, e quando a gente saía da estação Guaianases até a Estação da Luz, que é

---

7. TODAVIA me alegrarei. Intérprete: Leandro Soares. *In*: Me abraça, Senhor. Rio Grande do Sul, 2017.

direto, eles vinham fazendo o culto. Cantavam no vagão, e eu sempre ficava tomando posse dessa música, porque naquele momento eu chorava e dizia: "Meu Deus, tô indo pra São Paulo e não sei nem como vou voltar".

Aí passavam os meninos vendendo água, e eu não tinha nenhum centavo pra comprar uma água. Eu tenho uma raiva daquelas balas de goma, eu tenho uma raiva daquilo... Eu comia tanta bala de goma no almoço, que era o que tinha pra comer no trem, enquanto escutava essa música com os irmãos evangélicos: "O choro pode durar uma noite, mas a alegria vem logo de manhã".

Eu me arrepio todinho quando eu penso nisso, e dizia: "Senhor, eu sei que hoje estou chorando, mas o amanhã está chegando, e minha alegria está por vir". Mal sabia eu que hoje eu estaria aqui, alegre, feliz nesse amanhecer bonito e cantando...

O choro dura uma noite! É nisso que você tem que acreditar. Você precisa acreditar, meu irmão, que tudo passa. Tem que acreditar que, se você tem Jesus Cristo na sua vida, nada vai te abalar. Você pode chorar, sim, o choro parece que vai durar uma noite ou duas, mas logo vem de manhã a alegria. Essa metáfora é muito pertinente, porque todos nós sabemos que, por mais linda que seja a noite, por mais estrelada ou enluarada, o amanhecer é muito mais bonito.

Que delícia ver o dia amanhecendo e a escuridão dando espaço para a claridade. O sol devagarinho, devagarinho. Tudo na vida acontece devagarinho. E tudo que é muito devagarinho não acontece do jeito que a gente pensa ou sonha. Para mim, foi devagarinho também. Enquanto escrevo isto, não consigo deixar de chorar um pouquinho hoje. É gostoso quando você vê, vem devagarinho, devagarinho, igualzinho àquele abraço da pessoa que você ama. Quer coisa mais gostosa do que quando você está no aeroporto e aquela pessoa que você ama aponta lá longe? Meu Deus, que sensação mais gostosa. E, por mais que você corra de cá e ela de lá, que gostoso. Aquele tempo é a sensação do abraço, do carinho, e talvez se a pessoa surgisse assim, rápido na sua frente, não seria tão gostoso.

O gostoso é você ter aquela sensação, olhar longe aquela pessoa que você ama, sabendo que vocês vão se encontrar. Esse processo, esse caminho, esse espaço, causam um sentimento inexplicável. Esse espaço de tempo que você está tendo na sua vida talvez você não consiga entender agora, mas Deus sabe de todas as coisas. Tudo tem seu tempo, nos diz Eclesiastes 3. Deixa devagarinho, porque devagarinho é mais gostoso. Quando você conquista suas vitórias com responsabilidade, com seriedade, com consciência, com maturidade, é tudo mais gostoso.

Eu vivo num mundo cheio de empresários, participo de muitas reuniões, nas quais, tantas e tantas vezes, até mesmo na televisão, eu fico só escutando todo mundo fazendo o projeto, aí vem o marketing, vem o pessoal das redes sociais, da televisão, do comercial, e fazem aquele projeto imenso: "vamos estourar, padre, vamos explodir, vamos fazer assim e assado". Aí fala um outro, fala, discute, vai aqui, vai ali... Aí daí a pouco: "Padre, o senhor está quietinho, não vai falar nada?" e eu digo: "Deixa devagarzinho, deixa que Deus conduza, deixa que Deus faça."

Deus sempre faz o melhor. Eu nunca paguei um centavo pra tocar minha música na rádio, nunca comprei ninguém pra poder chegar aonde cheguei. Eu vendi um milhão de cópias em 15 dias sem nunca ter mexido nada, sem estar amarrado com ninguém, sem dever nada pro Diabo, sem dever nada pra ninguém. Foi porque Deus quis. Quantas pessoas importantíssimas, famosíssimas, na época não conseguiam vender 50 mil, 30 mil, que estavam na televisão todo dia?

Quinze dias depois: um milhão de cópias vendidas. De repente, vem uma matéria e estou entre os dez que mais venderam no mundo. Imagina! Quando passaria pela minha cabeça que eu seria comparado a Roberto Carlos? "O padre

Alessandro Campos vendeu mais que Roberto Carlos, mais que a Ivete Sangalo", pessoas que eu amo e admiro. Aquele menino que estava no trem comendo balinha de goma. Quem diria.

Olha o que Deus faz com a gente, você não tem noção do que Deus vai fazer com a sua vida se você permitir, você não tem ideia do que Deus vai fazer com sua vida se você parar tudo e dizer assim, numa oração junto comigo:

> **ORAÇÃO**
> "Deus, cuida de mim, cuida da minha vida, cuida da minha história, cuida dos meus sonhos, cuida dos meus projetos, faz para mim, Senhor, cuida do meu relacionamento, do meu emprego, da minha vocação."

Deus cuida de mim, a minha oração é muito simples. Todos os dias, quando eu me deito e me levanto, e também durante o dia quando eu estou ao volante: "Deus, cuida de mim". Eu vou me deitar, eu digo: "Senhor, estou muito cansado, não dou conta de rezar, cuida de mim". Acordo de manhã, acordo atrasado: "Senhor, não vou conseguir chegar a tempo se eu parar para rezar, cuida de mim".

E assim eu vou rezando, e Deus vai cuidando de mim. É oração que brota da alma, é simplicidade. Quando os discípulos pediram ao Senhor que lhes ensinasse a rezar, e Ele foi e falou "é só fazer assim, ó: 'Pai Nosso que estais nos céus," e fez aquela oração bonita!

Você não tem ideia, não tem noção, do que Deus está preparando para você.

Não fique se alimentando de passado. Viva o hoje. Faça hoje. Agradeça hoje.

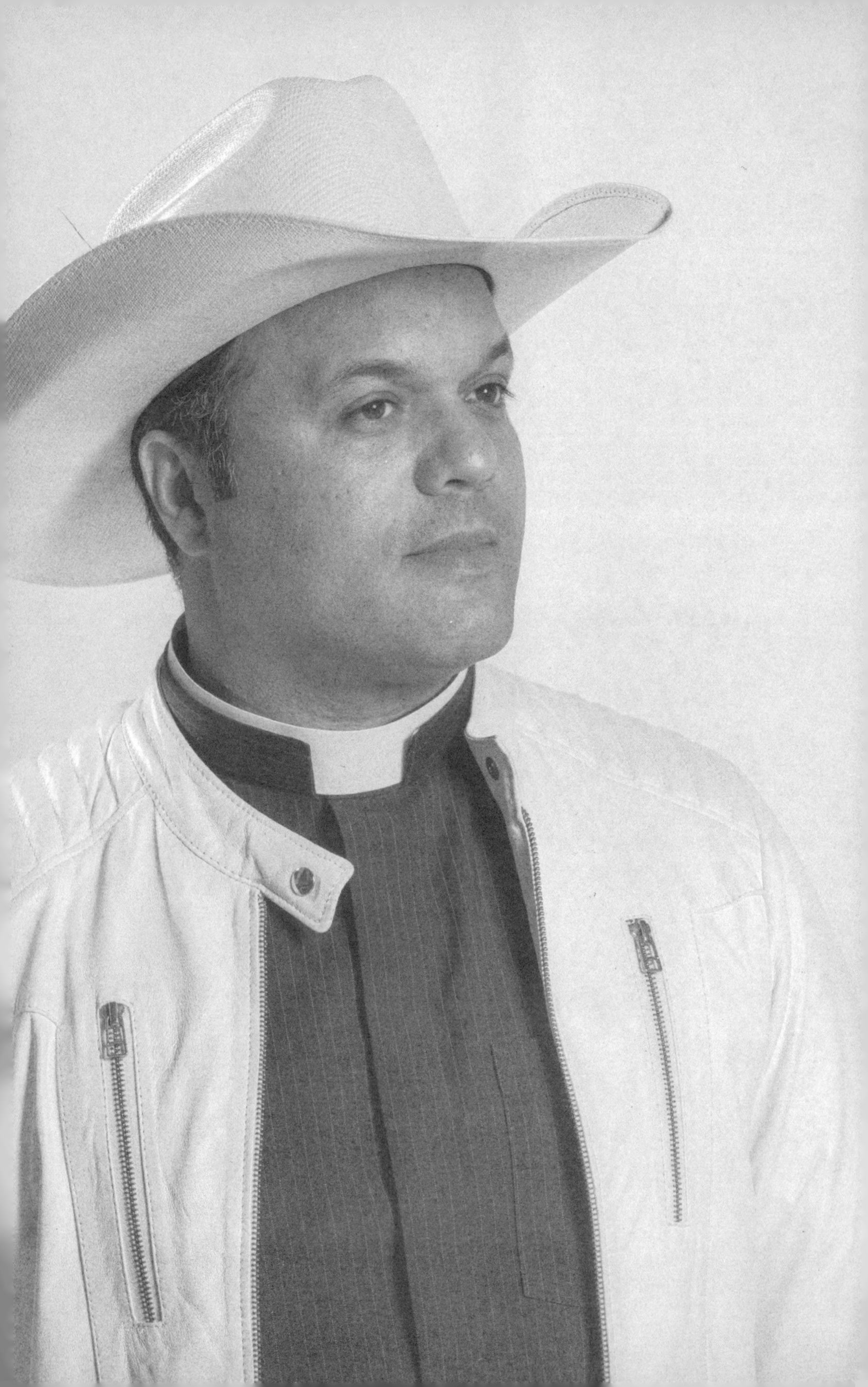

19
Deus não vê aparência!

Em 1 Samuel 16:1-13, o senhor diz ao profeta: "Enche o chifre de azeite. Vem, eu vou te enviar à casa de Jessé de Belém, pois escolhi um rei para mim dentre os filhos dele". E Samuel enche o chifre com óleo e vai encontrar-se com aquele que Deus havia escolhido para ser ungido rei. Ao chegar, vê Eliab e pensa: "Certamente é este o ungido do Senhor!". Mas o Senhor disse--lhe que não era aquele.

Então Samuel perguntou onde estavam os outros filhos. O homem vai e chama os sete. Só que o senhor não escolheu nenhum deles; o escolhido estava no campo: era Davi. E Samuel pergunta: "Todos os teus filhos estão aqui?". E Jessé responde que não, faltava o mais novo, que estava cuidando das ovelhas. Coitadinho, esse daí não sabe nada, tanto é que está lá no campo, não vale nada. Ah, mas para Deus ele vale muito. E por isso, assim que o jovem ruivo, de belos olhos e aparência formosa chegou, o Senhor disse: "Levanta-te e ungi-o: é este!".

Se você se sentir menosprezado pelo mundo, pelas pessoas, saiba que você é um escolhido de Deus, porque o próprio Senhor disse: "Não te impressiones com a sua aparência, nem com a sua grande estatura; não é isto que eu quero. Meu olhar não é o dos homens" (1 Samuel 16:7).

O homem vê as aparências, mas o Senhor olha o coração. Que coisa bonita isso! Você que é do interior e se sente menosprezado por que mora na roça, para quem muitas pessoas olham e dizem: "Esse aí não vai dar em nada", "Esse aí não vai conseguir nada, é pobre", bem, eu tenho uma notícia boa pra você: Deus não olha conforme os critérios do mundo, Deus não vê as aparências, mas o coração. Você é um ungido do Senhor, tome posse disso hoje, peça ao Senhor que derrame o óleo da unção sobre a sua vida e faça de você um novo ser.

Sabe por quê? Porque, assim como aconteceu com o rei Davi, eu profetizo na sua vida. A partir de agora, vai acontecer com você o que aconteceu com o rei Davi. Sabe o que foi? "Samuel tomou o chifre com azeite e ungiu Davi na presença de seus irmãos. E, a partir daquele dia, o espírito do Senhor começou a ser enviado a Davi" (1 Samuel 16:13). Sinta-se um escolhido de Deus, permita-se ser ungido com óleo consagrado do Senhor e que o Espírito Santo se apodere da sua vida e que faça de você uma nova criatura.

A carta de São Paulo aos Efésios diz: "Outrora éreis trevas, mas agora sois luz no Senhor. Procedei como filhos da luz. E o fruto da luz é toda espécie de bondade e de justiça e de verdade. Discernir o que agrada ao Senhor e não tomeis parte nas obras estéreis das trevas, mas, pelo contrário, denunciai-as. [...] 'Desperta, tu que estás dormindo, levanta-te dentre os mortos, e Cristo te iluminará" (Efésios 5:8-11,14).

Quero que você tenha coragem, tenha fé, tenho esperança. Não as perca, porque o Senhor Deus está contigo. Essa tempestade vai passar, e que seja ela oportuna para sua reflexão. Não é momento de pânico nem de preocupação, mas de reflexão. Cuidado, claro, mas esse é momento de refletir, momento de aceitar Jesus Cristo como único salvador da sua vida. Ele está com você, Ele não te abandona jamais.

O Salmo 22, um dos que eu mais gosto, nos diz: "O Senhor é o meu pastor, nada me faltará. Ele me faz descansar em verdes prados, a águas tranquilas me conduz. Restaura minhas forças, guia-me pelo caminho certo, por amor do seu nome. Se eu tiver de andar por vale escuro, não temerei mal nenhum, pois comigo estás. O teu bastão e teu cajado me dão segurança. Diante de mim preparas uma mesa aos olhos de meus inimigos; unges com óleo minha cabeça, meu cálice transborda. Felicidade e graça vão me acompanhar todos os dias da minha vida e vou morar na casa do Senhor por muitíssimos anos".

E termino aqui com o Salmo 90:1-2, 7, 11-12: "Tu que estás sob a proteção do Altíssimo e moras à sombra do Onipotente, dize ao Senhor: 'Meu refúgio, minha fortaleza, meu Deus, em quem confio'. [...] Cairão mil ao teu lado e dez mil à tua direita; mas nada te poderá atingir. [...] Não poderá te fazer mal a desgraça, nenhuma praga cairá sobre tua tenda. Pois ele dará ordem a seus anjos para te guardarem em todos os teus passos".

*Deus não se preocupa
com a sua aparência
ou com a sua
conta bancária.
Ele só se interessa
pela sua verdade.
Deus sabe quem é você
quando ninguém
está por perto?*

20
Viver a transparência

É verdade que o mundo pode até nos fazer chorar, e muitas foram as lágrimas que já derramamos ao longo da vida, muito são os motivos pelos quais já choramos, e muito. O mundo gosta de ver a gente chorar, mas Deus te quer sorrindo. Essa é uma das coisas que eu gosto de enfatizar, por isso sempre digo: "Você só não pode se esquecer de uma coisa: Deus te criou para ser feliz!". E foi por isto que Jesus veio: para que todos tenham vida, e a tenham em abundância e plenitude! Mesmo que venham as noites traiçoeiras, e que a cruz esteja pesada, o que muitas vezes é, o importante é entender que Deus nos criou para sermos felizes.

"O Reino de Deus está no meio de vós" (Lucas 17:20). Realmente, o Reino já se desenrola neste mundo. No Dia de Finados, em 2 de novembro, vamos ao cemitério, sentimos saudades, recordamos os momentos especiais... Mas o Dia de Todos os Santos é um dia antes, no dia 1º de novembro, e a data ainda é mal compreendida, é um dia que foi separado para honrar todos os santos, tanto os conhecidos quanto os desconhecidos.

"Como assim desconhecidos, padre?" Veja bem, ser santo não envolve apenas ter sido canonizado, mas também agir com santidade. Santa Rita de Cássia e São Roque, por exemplo, foram pessoas como eu e você. Viveram igual a todos nós. Eles não eram anjos que desceram do céu, como nós também não somos!

Você também pode pensar que ser santo é estar na missa todos os dias, rezar o terço todos os dias, fazer todas as novenas possíveis. Mas ser santo vai muito além disso! Não é simplesmente colocar uma batina, sair na rua com cabeça baixa e agir como um santinho. Muitos se vestem e se comportam assim, mas não vivem a verdadeira santidade, não fazem o Reino de Deus acontecer, e é por isso que estamos criando uma raça de gente fraca! De gente que pensa estar trilhando o caminho certo, mas que, na verdade, está seguindo pelo caminho totalmente errado.

Não foi a essa santidade que Deus se referiu quando disse: "Santificai-vos e sede santos" (Levítico 20:7), nem a um Reino inatingível. Jesus disse que o Reino de Deus está no meio de nós! O Reino de Deus acontece entre nós! E como a gente faz o Reino de Deus acontecer? Indo à igreja todo dia? Rezando todo dia? E aí voltar para casa fazendo tudo ao contrário? Não basta ir à missa de cura e libertação, não basta colocar uma batina, não basta fazer todas as novenas, tudo isso é muito importante, mas o Reino de Deus e a Santidade vão muito além disso.

Você procura ser santo quando vive dentro e fora da sua casa uma vida santa. Mas o que seria isso? Não beber? Não fumar? Não dançar? Também. Isso também é importante, mas vai muito além disso: é viver o Evangelho de verdade, e não para mostrar para o outro, que é o caso. A gente leva uma vida santa quando vive uma vida normal. Porque é uma vida normal!

Qual é a concepção de santidade que você tem? Qual a concepção do Reino de Deus que você tem? Para viver o Reino de Deus com a tua verdade, é preciso ser verdadeiro, autêntico, coerente. E, quando se é assim, você está vivendo a verdade e fazendo o Reino de Deus acontecer. É dizer: "Não sou santo, mas quero ser".

Você tem sido uma boa mãe? Um bom filho? É assim que a gente faz o Reino de Deus acontecer na nossa vida, no nosso dia a dia, de forma tranquila e normal. A pessoa santa é alegre, é animada, realizada. É alguém de quem a gente quer estar perto, não é aquela pessoa que fica de joelhos no sacrário vinte e quatro horas por dia, mas aquela que vai ao sacrário, que o vive o no seu dia a dia! Quem vive em Jesus Cristo tem sofrimento? Claro que tem, mas sempre está sorrindo. ==A marca do cristão é o sorriso.==

Percebe que o Reino de Deus e que o Céu podem ser vividos aqui? Nós temos a vida eterna! Só não tem vaga no céu para quem não quer. Seja, então, essa pessoa livre, essa que não precisa se esconder por trás de nada para ser cristã, feliz ou realizada.

E é isso que digo todos os dias para mim mesmo quando acordo: "Eu sou feliz assim, sou um homem realizado!". Se quiser fazer o Reino de Deus na sua casa, na sua vida e no seu trabalho, você tem que viver a verdade. Chega de viver a mentira, a rede social, as postagens. As postagens e fotos são mentiras! Até quando você vai continuar levando essa vida? Viva a verdade, viva o Reino de Deus.

A palavra de Deus, em João 8:32, diz: "A verdade vos tornará livres". A proposta de Deus hoje é que façamos o Reino dele acontecer entre nós, onde estivermos. Por isso, eu gostaria de convidar você a ser cristão de verdade, a ser santo. Fazer o Reino de Deus acontecer na nossa vida é fácil, extremamente fácil! Basta desejar ao outro tudo o que desejamos que aconteça conosco! A gente deseja o mal para si mesmo? Então não desejemos para o próximo.

Pare de olhar para os outros e olhe para Jesus Cristo, porque ele, sim, serve de modelo, e é por isso que sou um homem e um padre realizado, porque meu modelo de sacerdote é Jesus Cristo. Eu não vejo Cristo como um ditador que não ama; eu o vejo como um pai bondoso e uma mãe que ama o filho.

Faça deste o seu lema a partir de hoje: ==viver a verdade, viver a transparência e viver Jesus Cristo.==

*O mundo gosta
de te ver chorando,
mas Deus só quer
te ver sorrindo.*

21
Antes de perdoar, perdoe-se

"Cura-me, Senhor, e ficarei curado, salva-me e serei salvo, porque és tu a minha glória. São eles que dizem: 'Onde está a Palavra do SENHOR? Que ela venha!'. Mas eu não insisti em ver a desgraça, nunca desejei o dia fatal. Tu bem conheces o que sai de meus lábios: está sempre diante de ti. Não me sejas ameaça, tu és o meu refúgio no dia da desgraça. Fracassem meus perseguidores, não eu, apavorem-se eles, não eu. Trazes para eles o dia da desgraça, impõe a eles derrota dobrada" (Jeremias 17:14-18).

Um grande pecador, um pecador safado que cometeu muitos e muitos pecados, tem a vida completamente transformada ao se encontrar com Jesus. A vida dele é tão transformada que ele muda até de nome. O que antes era conhecido como Levi passa a chamar-se Mateus.

É o que acontece com a nossa vida, meu irmão, quando conhecemos Jesus Cristo, tudo se transforma, a começar pelo nome. A mudança do nome é uma mudança radical; significa mudar de vida, mudar de personalidade, mudar de comportamento.

Até aquele momento, éramos uma outra pessoa e aí veio a palavra de Deus dizendo que somos nova criatura. "Se alguém está em Cristo, é criatura nova. O que era antigo passou, agora tudo é novo" (2 Coríntios 5:17). Imagina só a cena que acontece em Lucas 5:27-32. Jesus vê um publicano (um cobrador de impostos do Império Romano) chamado Levi sentado na coletoria. Ele o conhece e sabe que o homem é um pecador, que é um sacana, que faz muito mal aos outros.

Mas, mesmo assim, Jesus olha para ele e diz: "Oi, Levi, segue-me". E é o que Jesus está dizendo para mim e para cada um de vocês: "Oi, padre Alessandro, Maria, João, Nadir, Joaquim, para toda essa sua vida aí e me segue. Vem me seguir, e vai ver como a sua vida vai ser diferente". Depois disso, você vai ver que nada mais na tua vida tem sentido: nem dinheiro, nem sucesso, nem poder, nem mulher, nem marido. Tudo passa a ter novo sentido na sua vida, você descobre a verdadeira joia preciosa!

Olha, e como é bom ter sentido na vida. Tem muita gente que não acredita na gente, né? "Tem jeito, não, ó, aquilo não tem recuperação." Eu te digo que muitas pessoas também não acreditaram em mim. A minha família nunca acreditou em mim. Muitas pessoas disseram: "O Alessandro? Isso não vai ser padre, não. Esse aí é filho de boca de litro, o pai dele é cachaceiro. E ainda é pobre, e pobre não tem como fazer faculdade, não". E eu estou no sacerdócio desde 2007. Sabe por quê?

Porque eu não precisei que a minha família acreditasse em mim. Não precisei que as pessoas acreditassem em mim. Só precisei do amor de Jesus Cristo, e só precisei que Jesus acreditasse em mim. E se Ele acredita na gente, meu irmão, já basta. Se Ele acredita em mim, já é o suficiente. Então não se preocupe se alguém da sua família, se algum amigo ou quem quer que seja apontar o dedo para você e disser assim: "Você não tem conserto".

Você não tem que se preocupar com isso porque eles não são donos da verdade. Eles não são Jesus Cristo, que é o verdadeiro dono da verdade. É Ele quem conserta, quem muda. É Jesus Cristo quem converte. Foi isso que Jesus Cristo fez na vida de Levi. Ninguém acreditava nele, tanto é que os fariseus, os linguarudos, os fofoqueiros, os maldosos, disseram: Nossa, você e seu mestre se sentam com cobradores de impostos. "Os fariseus e os escribas dentre eles murmuravam, dizendo aos discípulos de Jesus: 'Por que comeis e bebeis com os publicanos e com os pecadores?'. Jesus respondeu: 'Não são as pessoas com saúde que precisam de médico, mas as doentes. Não é a justos que vim chamar à conversão, mas a pecadores" (Lucas 5:30-32).

"Ah, padre, eu sou uma pecadora, eu sou um doente." Louvado seja Deus pela sua doença; louvado seja Deus pelo seu pecado; louvado seja Deus porque você se reconhece como pecadora. Deus seja louvado porque você entendeu isso. Sabe por quê? Porque Ele que está nos dizendo: eu não vim chamar os justos, eu não vim chamar os bonitos, eu não vim chamar os poderosos nem os inteligentes. Eu vim chamar vocês!

Os sadios não precisam de médico, só os doentes. Então, Deus seja louvado! Obrigado, Senhor, pelas minhas doenças. Obrigado, Senhor, pelas minhas enfermidades do corpo e da alma, porque eu tenho certeza de que na tua presença, Jesus, eu sou um homem completamente transformado.

Eu tenho certeza, Jesus, que, apesar dos meus pecados, apesar das minhas fraquezas, apesar das minhas enfermidades do corpo e da alma, eu tenho certeza de que em momento algum o Senhor desistiu ou desistirá de mim. Porque de fato o Senhor veio para chamar não os sadios, mas, sim, os pecadores. Não os bonzinhos, os inteligentes, os mais bonitos, os mais poderosos, mas o Senhor é mestre em curar os enfermos. O Senhor é mestre em recuperar os pecadores. Obrigado, Jesus, porque o Senhor sempre me recupera.

==Eu te louvo, Senhor, e te agradeço por todas as minhas fraquezas, por todos os meus pecados, por todas as minhas falhas, porque eu tenho certeza de que o Senhor me recupera, de que o Senhor me transforma.==

Que o Senhor converta a todos nós, amém!

*Se você não se perdoa,
de nada vale
perdoar o outro.*

22
Bênção ou maldição? A Mega-Sena do cristão

> *Deus criou o homem e deu a ele o poder de dominar todos os seres. Por quê? Porque Deus dotou o homem de inteligência. Porque Ele tem um plano. E sabe qual é o plano divino de Deus? A felicidade plena. Deus nos criou para sermos felizes! E ele diz em João 10:10: "Eu vim para que tenham vida, e a tenham em abundância" e plenitude. Deus quer que sejamos felizes e realizados.*

O fato é que, quando Deus criou o mundo, fez tudo perfeito. Quando fez o homem e a mulher, os fez perfeitos. Mas é fato também que um belo dia a proposta do orgulho, poder, ganância e vaidade falou mais alto! Gênesis 3 nos traz a história de um combate, de uma luta entre a serpente, que é o símbolo do mal, e Adão e Eva.

Uma das metáforas que mais me impressiona é justamente a do pai. Deus é pai, Deus é mãe! A metáfora que nos indica Deus de uma forma muito simples e comum. Por exemplo, quando um pai e uma mãe levam o filho ao parque, o que acontece? Eles se sentam no banco e dizem para o filho: "Pode passear, fazer o que quiser".

E aí o filho começa a brincar. Daqui a pouco a criança exagera, e os pais a chamam e dizem: "Você pode brincar aqui no parque, passear, pular. Mas não pode ir ao lago, porque lá tem um jacaré, e ele pode te morder". E o que acontece? Eles lá sentados, e filho começa a brincar... e aí vem a desobediência. O filho vai até o lago e o que acontece? O jacaré o engole. Por quê? Por causa da desobediência.

A desobediência, meu irmão, acontece quando você procura liberdade de um jeito errado. E o que acontece quando você faz isso? Você perde a dignidade de ser humano. E com o primeiro pecado vêm as consequências.

Estamos diante de duas realidades propostas por Deus. Ele nos ama tanto que nos criou livres e na nossa liberdade podemos optar. Então, você quer a benção ou a maldição?

Algumas pessoas se sentem até mesmo amaldiçoadas porque são miseráveis, são pobres, não têm poder, nem dinheiro, nem sucesso. Outras se acham abençoadas porque têm riqueza, poder, beleza e sucesso.

Eu te digo, meu irmão, que há um equívoco nessa história: ==há pessoas que são tão pobres, mas tão pobres, que só têm dinheiro. E outras que são tão ricas, mas tão ricas, que só têm a Deus.==

Justamente por isso quero te perguntar: o que você quer para a sua vida? Benção ou maldição?

Se você escolher a benção, sabe o que vai acontecer?

Salmos 1 nos diz: "Feliz quem não segue o conselho dos maus, não anda pelo caminho dos pecadores nem toma parte nas reuniões dos zombadores, mas na lei do Senhor encontra sua alegria e nela medita dia e noite. Ele será como uma árvore plantada à beira de um riacho, que dá fruto no devido tempo; suas folhas nunca murcham; e em tudo quanto faz sempre tem êxito. Os maus, porém, não são assim; são como a palha carregada pelo vento".

O que você quer, meu irmão? Não existe um terceiro caminho.

Quem escolhe o bem, já está dito o que vai acontecer; e quem escolhe o mal também está dito. Imagina que espetacular isso!

Vamos supor que alguém chegue para você e diga: "João, Maria, você acabou de ganhar milhões. Agora não se preocupe mais, é só sombra e água fresca". Essa notícia vai causar em você dois sentimentos: felicidade e ansiedade para buscar o prêmio.

Já pensou que alegria?

A notícia que tenho para você é esta: "Você acaba de ganhar um prêmio, e ele se chama vida eterna".

Uns vão receber essa notícia mais tarde; outros, mais cedo. Mas pense num prêmio maravilhoso... receber a vida eterna, a Mega-Sena do cristão!

A Mega-Sena do cristão se chama vida eterna.

A Mega-Sena do cristão se chama ressurreição.

Não tenha medo da morte, já que ela é o melhor prêmio que o cristão pode ganhar.

Viver para mim é Cristo, e o morrer é lucro.

Nossa vida só vale a pena se a gente acreditar nisso.

*Quanto mais próximo
de Deus, mais rico você é.*

23
O que me interessa?

Que pena! Que pena que você só entende quando é do seu interesse.

Uma senhora se mudou para perto da casa onde eu morava, e a gente sempre conversava na esquina, na padaria. Certo dia, ela me perguntou: "Por que Deus permite que aconteça tanta desgraça na nossa vida, hein, padre?". E aí eu questionei a ela: "Conhece a padaria?". E ela disse sim. "Conhece a farmácia?" Ela disse sim. "Conhece a igreja?" Sabe qual foi a resposta? "Não." E então ela perguntou: "Onde é a igreja mais próxima, padre?". E eu respondi: "Quando a senhora precisou de pão, conseguiu encontrar a padaria. Quando precisou fazer compra, encontrou o mercado. Quando precisou de remédio, encontrou a farmácia. Agora está precisando de Jesus Cristo? Se vira! Vai procurar a igreja, a senhora vai encontrar do mesmo jeito que encontrou a padaria, a farmácia e o mercado".

É por isso que não conseguimos entender o porquê de tanta desgraça. O dia que cada um de nós colocar Jesus como meta e objeto principal na nossa vida, tudo será diferente. Busque primeiro a Jesus Cristo!

Nossa vida não vai para a frente porque estamos mudando nossos valores. Até quando vamos continuar com essa fé imatura? Sendo cristãos incoerentes? Até quando vamos colocar a culpa no outro? Já parou para se perguntar como está a sua vida com Deus? Se está sendo um cristão autêntico? Se está sendo coerente?

Ou vai continuar vivendo uma vida de mentiras? De falsidades? O que é o mais comum. E como isso é triste!

Até quando vamos continuar vivendo assim? Neste mundo que o próprio Jesus disse: "O meu reino não é deste mundo. [...] O meu reino não é daqui" (João 18:36). Até quando vamos continuar sendo enganados pela falsa vida que é proposta pelo Diabo e não por nosso Jesus Cristo?

A Paixão de nosso Senhor Jesus Cristo é o único dia litúrgico que não se celebra a missa no mundo inteiro. Muito interessante, porque no Japão, enquanto estamos rezando, eles estão dormindo; e quando nós estamos dormindo, eles estão rezando. E isso faz com que no mundo inteiro, quase por vinte e quatro horas por dia, em algum canto, aconteça a celebração da Eucaristia, menos nesse dia. A parte mais importante da vida cristã, o momento da celebração da Palavra, é o momento que nos encontramos em comunidade para celebrar a paixão, o mistério.

Mistério... a própria palavra já diz: "eis o mistério da fé", e por isso não conseguimos entender, a não ser com os olhos da fé. Quando paramos para refletir, parece um pouco contraditório pensar um Deus forte, um Deus que ganha todas as guerras, todas as lutas. E aí, em contraste a ele, temos a figura do rei, que é aquele que manda matar, que manda construir e destruir.

E era esse o grande problema de 2 mil anos atrás, a época em que Jesus esteve aqui neste mundo, que Ele esteve no meio de nós. E a questão maior era que o compreendessem, porque os homens daquela época não queriam um rei fraco, um rei morto na cruz, destruído. Eles esperavam um grande homem, um rei e um grande Deus. E Jesus veio contradizer tudo com suas palavras, com seus gestos e suas ações.

Isso provoca no coração dos homens uma grande dúvida, um grande ponto de interrogação, e começam a indagar. E é aí, quando fazemos uma introspecção com os olhos da fé, que conseguimos entender seus mistérios. Se pudesse resumir em poucas palavras, o que o Senhor diria sobre essa celebração? Estamos celebrando o ápice do amor, e o amor é tão especial que só quem realmente ama consegue entender a importância desse sentimento, que não é como nas músicas, que falam do amor romântico.

Não é esse.

O amor é o amor de Deus, que, quando olha sua criatura no pecado, quando olha seus filhos que criou com tanto amor, é capaz de refazer o ser humano, tirando-o do pecado e dando seu próprio Filho, entregando sua própria vida, para nos salvar. E é por isso que chamamos Jesus de Salvador.

Quem é capaz de dar sua vida pelo outro pode dizer que ama. Uma mãe é capaz de dar sua vida por um filho. Uma mãe que estivesse num centro cirúrgico e ouvisse do médico: "Só existe uma solução: temos que fazer um transplante de coração no seu filho", seria capaz de dizer para ele arrancar seu próprio coração e colocá-lo no filho. Isso é amor.

"Ah, mas as coisas mudaram", "O mundo é moderno." O mundo é moderno, mas Deus é eterno, e há uma grande diferença entre modernidade e eternidade.

E por que a igreja para? Faz essa pausa? No ano litúrgico, durante um dia não tem missa? É o ápice do amor, e somos convidados a irmos à igreja e passar o dia refletindo. O que estou fazendo com minha vida? Com minha família? Por que está acontecendo assim? E só conseguimos refletir quando a gente para diante de Jesus crucificado. Só quando paramos na frente da cruz e nos deparamos com o sofrimento é que paramos tudo e recomeçamos. Porque, infelizmente, nós só aprendemos na vida quando estamos diante do sofrimento.

Hoje, nos deparamos com três situações preocupantes: o relativismo, o consumismo e hedonismo.

No relativismo, o primeiro problema, se diz: "Eu sou católico do meu jeito". Do seu jeito, você não é católico de jeito nenhum. Eu estava atendendo nas confissões e de repente recebo uma foto de uma amiga num banquete. Fui para lá - imagine uma família bonita de que gosto - e a casa estava lotada de muita comida. Tirei fotos e voltei, mas voltei refletindo e pensando: *Que saudade daquele tempo de quando morava no Jardim Santa Tereza com minha avó, época em que hoje era um dia de profundo silêncio e jejum. Minha avó comia pão e bebia água e não permitia nem que varressem a casa, nada de bar aberto. Acabou o respeito.*

Católico do seu jeito, até o Diabo é! Não existe mais nas famílias os patriarcas nem as matriarcas. E o que é isso? É o pai e a mãe que educam e ensinam. Hoje em dia, a mãe chama e, se o filho falar que não vai, está tudo bem. Na minha época, minha avó falava: "Zil, vai tomar banho e vamos à missa. Enquanto morar debaixo do meu teto, vai ser assim". E graças a Deus que fui criado assim, porque senão eu poderia ter virado bandido, já que à minha volta era só bebida, droga, família desestruturada. Mas, no meio disso tudo, havia uma mulher forte.

Segundo problema: consumismo. Nossa família, e até a própria igreja, está vivendo isso de consumir e consumir... Quanto mais a gente tem, mais a gente quer. Deus não é mais prioridade, tampouco nossos filhos. Nós estamos nos deixando levar pelo consumismo e pela ganância. Por isso, esse vazio dentro de nós, e, quanto mais temos, mais problemas surgem. Às vezes, aquele velhinho da roça que não tem nada vive mais e bem melhor que nós da cidade grande.

E terceiro: hedonismo. O que é isso? Prazer. Estamos em busca do prazer, o que é muito bom, mas o prazer é momentâneo, passageiro; e a felicidade, não. E tem uma grande diferença entre prazer e felicidade. Queira ser feliz e almeje a felicidade.

Jesus deu a vida por cada um de nós, realizou o ápice do amor, deu o último grito de dor, grito do abandono e do sofrimento, grito da decepção e morte, mas que chamo de grito da vida, porque o grito de Jesus na cruz é um grito de parto, porque gerou vida! Dor que traz vida e esperança. A morte que é vencida!

Só vale a pena viver se vivenciarmos os valores morais, éticos e religiosos. Faça isso na sua família e verás o que vai acontecer!

Não viva uma vida de aparências se quiser que Deus esteja ao seu lado.

24
Você é um escolhido

Quando o coração está cansado das coisas do mal e que prejudicam a saúde, a vida, a família, o casamento, quando ele está cansado das coisas que atrapalham a sua paz, só existe um refúgio: Jesus Cristo.

O meu coração cansado me contou que, para sermos felizes, devemos manter o pensamento e a fé em Deus, que não nos criou para sermos tristes, para o sofrimento, para a depressão, para o mundo das drogas, da desgraça. Deus nos criou para sermos felizes. Mais que isso: Deus criou você para ser uma pessoa realizada.

Por isso, se você estiver com o coração cansado da tristeza, da angústia, do sofrimento, das coisas que nos fazem mal, eu tenho uma notícia para você: que bom que você decidiu voltar o seu coração para Deus. Que bom que você não se acostumou com as terras ruins por onde andou, que bom! Porque nada disso pertence ao mundo de Deus, nada disso está no mundo de Deus.

Ao escolher estar ao lado de Deus, Jesus te diz: eu escolhi você.

Isso é muito forte.

Isso o torna um escolhido de Deus.

Aproveite essa escolha, aproveite que Deus te escolheu para estar ao lado dele, porque, ao dizer isso, Jesus não apenas o torna o escolhido, mas o coloca apartado do mundo que não pertence a Deus. Ao fazer isso, Deus está dizendo: eu acredito em você!

Deus está te dando uma oportunidade para ser diferente. Mas como é possível você esperar resultados diferentes se faz tudo sempre igual? Se você não mudar ao ser escolhido por Deus, nada vai mudar. Se você não mudar primeiro, se não fizer a sua parte, Deus vai fazer a parte dele, e a parte dele é sempre muito bem-feita. Mas de nada adianta se você não estiver pronto para receber a parte de Deus.

Infelizmente, isso só vai acontecer quando morrermos, mas, enquanto estivermos no mundo, não podemos esquecer que estar no mundo não é o problema, o problema é estar no mundo e ser mundano. Por isso, digo: estejam no mundo, mas não sejam mundanos, porque aí, sim, vocês poderão bater no peito e dizer que são realizados.

Porque conheceram a fonte da Água Viva. Jesus diz: "Quem beber da água que eu darei, nunca mais terá sede, porque a água que eu darei se tornará nele uma fonte de água jorrando para a vida eterna" (João 4:14). O importante não é beber a água, o importante não é mais matar a sede, porque quem tomar alguma vez vai sentir sede de novo. O importante é possuir a fonte, porque, se você tiver a fonte inesgotável de Jesus, vai ter essa água viva o tempo todo te purificando, salvando e te libertando.

Deus acredita em você, e isso é o que importa. O homem decepciona, Jesus Cristo, jamais. Talvez até a tua mãe não acredite mais em você, porque você já disse para ela várias vezes: "Mãe, agora eu vou mudar", e você não muda.

Talvez até o teu pai, até os seus filhos, até a sua esposa, talvez eles não digam, mas pensem: "Ah, eu não acredito mais, eu já desisti", mas não importa! Deus não desiste de você.

Deus não desiste de mim, Deus não desiste de nós.

Isso me lembra o início da minha jornada na faculdade. Ninguém acreditava em mim. Para conseguir chegar até ali, eu tinha que acreditar em mim e não perder o foco em nenhum momento.

Sete horas da manhã, em ponto, todos já estavam na sala de aula, e o padre Ézio fez a chamada – meu nome era o segundo da lista: Alessandro Corrêa de Campos. Eu abri a porta e disse: "Presente". E ali eu participei do primeiro dia, da primeira aula de filosofia.

Nessa aula, o padre Ézio disse o seguinte: "O maior presente é você ser presente". Isso me marcou tanto que é algo que levo para a vida toda. E, a partir de agora, quero que você leve também para a sua. Seja presente.

Quem dá presente muitas vezes é porque está ausente.

Então seja presente na vida das pessoas que você ama. Elas precisam da sua presença, do seu amor, do seu carinho. Precisam da sua caridade, da sua misericórdia, da sua atenção. Elas precisam da sua confiança, não seja Tomé na vida delas, nem permita que ninguém seja Tomé na sua. Por quê? Porque Deus acredita em você!

E acredita em mim.

Acredita em nós.

E nós precisamos acreditar em Deus.

Porque o dia que você acreditar em Deus, vai saber que valerá a pena ser de Deus, que vale a pena acreditar nele. E, sendo de Deus e acreditando nele, não existe nada impossível para nós. A Palavra nos garante isto: "Tudo que é impossível para os homens, é possível para Deus" (Mateus 19:26).

É isto que eu desejo a vocês: que sejam fiéis.

Não é fácil. Nada na vida é fácil.

Chegar a ser padre, para mim, não foi nada fácil.

Muitos no meio da caminhada não acreditaram em mim, inclusive o meu reitor. Éramos mais de setenta seminaristas, todos lá tinham vocação, menos eu, segundo eles.

Dos setenta, só ficaram um padre e eu. Dos que diziam ter vocação, não restou um. O reitor não acreditou em mim, mas Deus, sim. E eu acreditei.

É preciso que você acredite em você.

Acredite em você.

Você pode.

Outros puderam, por que você não?

Por que eles conseguiram e você não?

Que diferença tem?

Nenhuma! Todos nós somos filhos de Deus, somos capazes. Somos vencedores, em Deus somos muito mais que vencedores. Nós acreditamos nisso, eu acredito nisso.

Quero dizer a você hoje: se existe algum Tomé que não acredita em você, não se preocupe, Deus acredita.

E, quando se quer, consegue. O primeiro passo é querer. Quem não quer, infelizmente, não consegue. Mas quem quer consegue tudo: consegue sair das drogas, consegue sair da cachaça, consegue sair da condição sub-humana e consegue ser feliz e se sentir realizado.

Se você quiser ser feliz e realizado, basta dizer: eu quero. E a manifestação da sua vontade, do seu querer, vai se tornar plena na sua vida. Porque, se você quer, Deus então nem se fala, Ele quer mais ainda.

Coragem! São para as pessoas mais fortes que Deus concede mais desafios.

Conte com as minhas orações, com a minha amizade e com a minha credibilidade.

Eu acredito em você.

Não se preocupe se existe alguém que não acredita.

Eu acredito.

Deus acredita em você.

*Deus criou você
para ser uma
pessoa realizada.
Realize-se.*

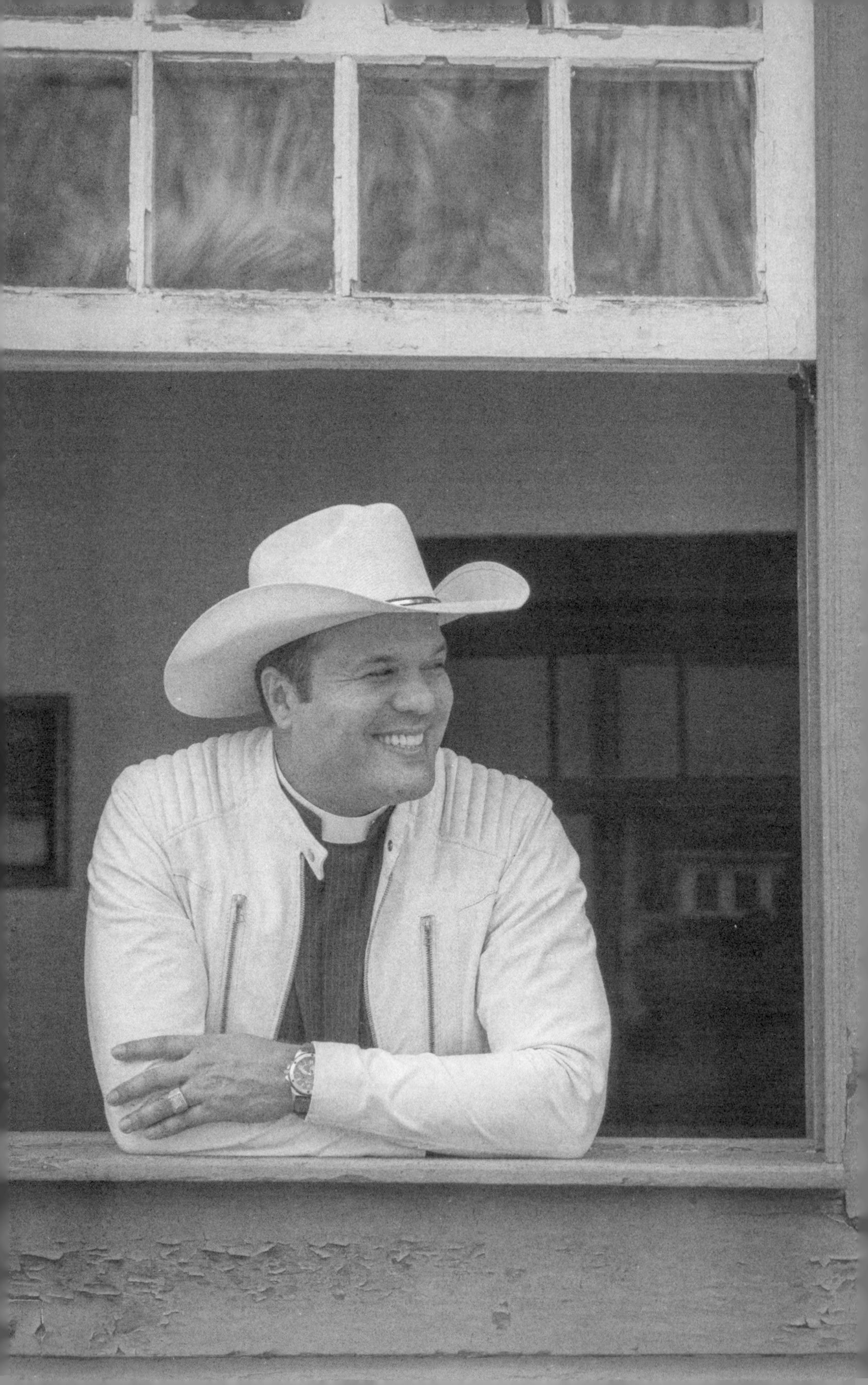

25
Onde tem amor, tudo é diferente!

Você que sempre se achou pecador, você que sempre se achou indigno, este capítulo é para você!
Não são raras as vezes em que algumas pessoas chegam até mim e dizem assim: "Padre, mas eu sou tão pecador, eu já fiz tantas coisas ruins... eu quero mudar, eu quero ser diferente".
Você conhece a história de Levi?
Levi era um pecador, e estava lá, sentado na coletaria de impostos, Jesus não pergunta nada, simplesmente olha para ele e diz assim: "Siga-me". E aqui está o X da questão: o que aconteceu com o Levi, precisa acontecer comigo e com você.

Hoje, do mesmo jeito, Jesus olha para mim, olha para você, jovem, e não se preocupa se você um dia foi viciado, se um dia você esteve no mundo do crime, se um dia você esteve no mundo do pecado. E ele não pergunta o que você é ou o que você faz, ele simplesmente olha para você e diz: segue-me.

E imediatamente, diz a Palavra, Levi se levantou e o seguiu.

Anteriormente, eu contei a história de Levi, de como ele virou Mateus, falei do banquete na casa de Levi e dos cobradores de impostos e pecadores sentados à mesa com Jesus e os discípulos. Olha que coisa interessante! Muitos O seguiam, inclusive os doutores da lei. E muitos fariseus chegaram até

Jesus, chegaram até àquela multidão, e fizeram aquilo que nós estamos acostumados a ver todos os dias: julgaram.

"Olha só aquele homem chamado Jesus, juntamente com seus discípulos, comendo com os cobradores de impostos, com os pecadores, é esse o Filho de Deus? Olha onde ele está sentado, no meio de bandidos, no meio de pecadores, quem é ele?"

Não são raras as vezes em que escutamos esse tipo de julgamento de muitos cristãos, ou que se dizem cristãos católicos, muitos dos quais se dizem cristãos autênticos e coerentes, as vezes até mesmo dentro da igreja. Mas não cabe a você, meu irmão, não cabe a mim, não cabe a nós, julgarmos. A Palavra de Deus diz: "Não julgueis e não sereis julgados; não condeneis e não sereis condenados; [...] a medida que usardes para os outros, servirá também para vós" (Lucas 6:37-38).

Eu gosto muito de falar sobre isso: por que você olha o cisco no olho do teu irmão, quando, na verdade, você tem uma trave que está aí no teu olho? Foi Jesus quem disse isso um dia. Então, por que você joga a pedra no telhado do seu vizinho, se o seu telhado é de vidro? E, na maioria das vezes, quem julga tem sempre um telhado de vidro, que a qualquer momento pode ser quebrado. A vida vai nos mostrando e nos ensinando isso pouco a pouco.

Sempre aqueles que são muito moralistas, que vivem julgando e apontando o dedo para o outro, que se acham os melhores, um dia acabam tendo o telhado quebrado. E tudo, a partir desse momento, vem à tona, porque diz a Palavra que: "Não há nada de oculto que não venha a ser revelado, e não há nada de escondido que não venha a ser conhecido" (Lucas 12:2).

Jesus é aquele que vem e diz: segue-me, e não olha o que você faz ou quem você é. Ele simplesmente te ama. E é isso que você precisa viver, meu irmão: amar e ter sempre Jesus no meio da sua vida, do seu trabalho, dos seus sonhos, dos seus projetos. Nunca diga não ao chamado de Deus, não se sinta o pecador dos pecadores. Deus não se importa com isso. Ele simplesmente diz para você: "Vem, segue-me, eu quero fazer de você um jovem diferente, eu quero fazer de você uma nova criatura". E é isso que Jesus faz sempre, na minha e na sua vida. Muitos cristãos se perguntam: por que isso acontece?

Porque Jesus ama e nos ensina a amar também: onde tem amor, tudo é diferente!

*Deus é amor.
E amor é a resposta
para tudo.*

26
Deus sempre nos surpreende!

Deus sempre nos surpreende com coisas maravilhosas que, muitas vezes, nós não conseguimos entender no momento em que acontecem. Mas, lá na frente, chega uma hora em que olhamos para trás e pensamos: como Deus foi bom para mim! Como Deus foi maravilhoso na minha vida naquele momento, naquela determinada situação em que eu não entendia, que eu não compreendia. Mas hoje eu compreendo, Senhor.

Jesus chama os seus apóstolos, diz a Palavra, e os chama pelo nome, um a um. E dá a eles o poder.

Que poder é esse que Jesus dá aos apóstolos? Que dá aos seus discípulos?

Não é o poder da fama, nem do sucesso, nem do dinheiro. O poder que Jesus dá aos seus apóstolos e aos seus discípulos é o poder de expulsar os espíritos maus e de curar todo tipo de doença e de enfermidade.

"Ide, pois, fazer discípulos entre todas as nações, batizai-os em nome do Pai, do Filho e do Espírito Santo" (Mateus 28:19). Ou seja: multipliquem o número de vocês. "Curai doentes, ressuscitai mortos, purificai leprosos, expulsai demônios" (Mateus 10:8) e fazei discípulos meus.

Você não tem ideia do poder que tem, do poder que eu tenho. Não só como padre, mas também como batizado, como discípulo de Jesus. E você, como batizado e discípulo de Jesus, também tem esse poder de anunciar o Evangelho, expulsar os espíritos maus e curar todo tipo de doença e de enfermidade.

Você não sabe, aliás, não sabia, mas pode fazer isso! Em geral, buscamos alguém para fazer por nós aquilo que nós mesmos podemos fazer. Orar, expulsar o mal, profetizar a vitória, curar aquela enfermidade, sobretudo do corpo e da alma: você pode fazer isso pelo simples fato de ser batizado.

Quando você é batizado, é marcado com o carimbo de Deus. Ou seja, Deus está dizendo para você assim: você é propriedade minha a partir de agora. Quando você vai ao cartório pegar uma escritura da sua casa, lá existe o carimbo que atesta a autenticidade do documento. Esse documento sem o carimbo, sem a autenticidade do cartório, não vale nada.

Mas com o carimbo, a escritura registrada, a escritura carimbada, ah, essa, sim, tem valor. Você, meu irmão, e eu somos essa escritura carimbada, autenticada por Deus. E, muitas vezes, não usamos o poder que temos em nossas mãos. E não usamos porque não sabemos, ou porque não queremos, ou porque não acreditamos. Ou, na maioria das vezes, não usamos porque temos vergonha.

Que bom seria se toda mãe, se todo pai, se todo homem, se toda mulher em sua casa, antes de qualquer situação, orasse. Usasse o poder que Deus concedeu. Sabe qual foi? O poder de expulsar o mal.

Há tantos males que nos cercam e que, muitas vezes, nada têm a ver com o demônio... têm a ver com as coisas da vida. Têm a ver com você: com a sua preguiça, o seu desânimo, a sua tristeza, a sua angústia, a sua falta de fé, a sua falta de esperança.

Você não acreditar que a sua vida pode ser diferente é um mal. Aliás, é um grande mal. Um grande mal que está acabando com a vida de muitas pessoas.

Isso de não acreditar em si mesmo... Os livros de autoajuda, os palestrantes de motivação, eles batem sempre na mesma tecla: você tem que acreditar em si mesmo.

Você pode, você consegue. Só precisa acreditar.

A Palavra de Deus, muito mais antiga, muito mais sábia, muito mais divina do que os livros de autoajuda, já diz isso há muito tempo. Há milênios.

Você precisa ter fé.

Você precisa acreditar em você.

Você precisa acreditar na sua capacidade.

Você não pode desistir de si mesmo.

Eu já disse: desistir é a saída dos fracos. Insistir é a saída dos fortes.

Porque com Jesus Cristo, com Deus, você pode tudo! E o que é impossível para os homens é possível para Deus.

A mensagem deste capítulo, portanto, é uma só: você pode. É possível.

É possível você, antes de mais nada, antes de expulsar o mal da sua casa, do seu filho, do seu marido, da sua mulher, expulsar o mal da sua vida. Porque, muitas vezes, nós estamos preocupados com o outro, quando, na verdade, o problema somos nós.

Quando, na verdade, o problema é você.

É por isso que lá em Mateus 7:1 a Bíblia vai dizer o seguinte: "Não julgueis, e não sereis julgados". Antes de você apontar o dedo para o outro, olhe para si mesmo, antes de olhar o pecado do outro, o defeito do outro, olha para o seu pecado, olha para o seu defeito. Antes de olhar o mal que está na vida do outro, olha primeiro para você. Jesus vai dizer: seu hipócrita, veja a trave que está no teu olho, antes de olhar para o seu vizinho.

Qual é o mal que está alojado na sua vida e que está te atrapalhando, que está atrasando você? Qual é o mal?

O que está acontecendo com você, meu irmão?

Tudo que você alimenta, tudo que você cultiva, cresce.

Já viram como é uma planta? Se você pegar uma mudinha e plantá-la, então cultivar, regar, cuidar, alimentar, ela vai crescer! E, depois que ela crescer, vai dar frutos. Na nossa vida é assim: você precisa aprender a alimentar a sua felicidade, a cultivar a sua felicidade, a regar a sua felicidade para que ela cresça e dê muitos frutos. É isso que eu desejo para você.

Ou você se levanta e corre atrás, ou você volta pra cama e continua sonhando.

*Tudo o que você planta,
cresce. Resta saber
se você tem plantado
o bem ou o mal...*

27
Minha casa está destruída! Sabedoria!

O dia 11 de setembro ficou marcado na história do mundo. Nesse dia, no ano de 2001, eu estava no seminário, em uma manhã em que o mundo parou. Todos os jornais noticiavam ao vivo a queda das famosas torres gêmeas de Nova York, duas torres enormes, um belíssimo cartão-postal, construídas para nunca serem destruídas.

Certa vez, estava no hotel de madrugada, depois de um show, e zapeava a televisão, quando, de repente, me deparei com um documentário que tratava da história das torres gêmeas. Nesse documentário tinha arquitetos, engenheiros, especialistas em obras e construções faraônicas. O jornalista que conduzia o documentário questionava, fazia aqueles profissionais explicarem cada passo da construção daquela belíssima obra da arquitetura. Muito me chamou a atenção quando um dos arquitetos e engenheiros disse assim: "Aquelas duas torres foram construídas para não serem destruídas. Havia ali uma estrutura de concreto, de cimento, de ferragem, uma fundação tão extraordinária que, se houvesse um terremoto na região, muitas construções seriam abaladas, menos as torres gêmeas".

"E o que o senhor quer dizer com isso, padre Alessandro?" Eu quero dizer que você pode ser a pessoa mais importante do mundo, a mais rica, a mais bonita, a mais poderosa, mas sem

Deus um dia você vai cair. Sem Deus, por mais alto que você esteja, um dia você vai cair. E, quanto mais alto você estiver, maior será o seu tombo. Aquela tragédia de 11 de setembro de 2001 certamente chocou o mundo. Aqueles aviões colidindo, as duas torres sendo derrubadas, vindo céu abaixo... Você com certeza deve ter gravado na memória essa imagem trágica, assim como eu gravei.

Quem diria, como disse aquele engenheiro, aquele arquiteto, que aquelas torres um dia iam cair. É assim a nossa vida. Por mais segura que seja, ainda estamos inseguros. Você pode ter a segurança do dinheiro, mas dinheiro acaba. Conheci muitos milionários que hoje são pobres. Acaba, tudo acaba.

Você pode ter a segurança da sua juventude, da sua fortaleza, mas a juventude também acaba. Você pode se sentir seguro pela sua beleza, pela sua juventude: "Eu sou jovem, eu mando e desmando, tenho força e vitalidade", mas acaba, tudo acaba.

Onde está escondida a sua vida? Em alcançar as coisas do alto. Onde está Cristo? Se você ressuscitou com Cristo, tem que aspirar às coisas celestes, porque as coisas da terra passam, acabam, são destruídas, por mais seguras que aparentem ser.

Paulo, em carta aos Colossenses 3:5-11, diz o seguinte: "Mortificai os vossos membros, isto é, o que em vós pertence à terra: imoralidade sexual, impureza, paixão". Ah, padre, estou apaixonada. Está lascada. Estou apaixonado, padre. Está lascado! Paixão não tem nada a ver com amor, tanto é que a paixão faz sofrer; o amor, não. "Maus desejos, especialmente a ganância, que é uma idolatria." Olha só a lista de coisas e de situações que Paulo faz para comunidade e para nós. "Agora, porém, rejeitai tudo isto: ira, furor." Ai, padre, eu me irrito. "Malvadeza, ultrajes, e não saia de vossa boca nenhuma palavra indecente; também não mintais uns aos outros, pois já vos despojastes do homem velho e da sua maneira de agir e vos revestistes do homem novo, o qual vai sendo sempre renovado à imagem do seu criador, a fim de alcançar um conhecimento cada vez mais perfeito."

Essa Palavra, para a gente se renovar, traz um significado belíssimo, importantíssimo. O que significa renovar? Inovar, fazer ficar como novo. Quem renova deixa aquilo que é velho, deixa aquilo que não serve, renova, reconstrói a vida. Deve ser uma constante renovação, uma constante reconstrução. Não deu certo? Reconstrua. É possível reconstruir, às vezes precisamos reconstruir até o nosso relacionamento afetivo.

Quantos que discutem? Brigam? Separa, volta. Briga, separa. Volta inicialmente que a pessoa até gosta de sofrer, porque briga e separa e volta. Também existem situações assim, mas é possível reconstruir. Deus nos dá essa permissão, Deus nos dá essa oportunidade. ==Reconstruir significa fazer diferente, fazer o novo diferente.== Porque, quando você vai reconstruir, deixa de fazer aquilo que errou, aquilo que tentou e não deu certo.

Você constrói uma parede aqui, e ao terminar, descobre que gastou cimento demais, gastou areia demais, gastou mão de obra demais. E só depois de tudo pronto. Então destrói a parede que não deu certo e começa a reconstruir, mas do jeito certo, porque, graças a Deus, com a experiência que eu e você conseguimos nessa reconstrução, se ela for madura, se for sábia com Jesus Cristo, será diferente, porque, quando começar a reconstruir, aí você vai lembrar.

Reconstruir na vida é isso: é começar de novo, começar diferente, já fazendo a análise e refletindo. Jesus vai dizer isso no Evangelho, em uma parábola em Lucas 14:28-30, em que Ele disse que, antes de construir, a gente tem que sentar e calcular, fazer o cálculo de como vai fazer essa obra, de quanto vai gastar, se tem condições para isso, o que vale para a vida.

Hoje um dos maiores problemas da humanidade é também a nossa vida financeira, sabe por quê?

Porque ganhamos dois mil e gastamos quatro, e aí nos iludimos com os famosos cartões de crédito, está vendo só? Todo mundo passa por isso. É irresponsabilidade, é falta de imaturidade, de compromisso, e com você mesmo. Jesus está dizendo: está errado. Aí não adianta fazer novena pra Santo Expedito, pra Santa Edwiges pagar as contas, né? Até hoje ela não pagou nem um centavo para mim. Eu que não trabalhe não para ver só o que acontece!

Aí chega o dia de Santa Edwiges, e está todo mundo lá: "obrigado pela graça alcançada". Desde quando Santo paga dívida dos outros? Que conversa mais fiada é essa? Com todo respeito, você faz a conta e pede para o santo pagar? Isso é absurdo! Santo ajuda você a trabalhar, a conquistar com o trabalho, com o suor, mas as coisas não caem do céu. Então é importante para sua vida financeira que você não gaste mais do que tem.

Aliás, é sempre bom gastar menos do que tem. Sabe para quê? Para sobrar. Porque aí sobra um pouquinho, mês que vem sobra mais um pouquinho, e isso se chama sabedoria, se chama maturidade.

Quantas pessoas têm a casa destruída por conta de falta de sabedoria? Quem começa a errar na vida financeira, automaticamente, chega a vez da vida afetiva, e assim vai somando tudo e vira um jogo de dominó, não é? O Evangelho nos ensina isto: renovar, revestir-se do homem novo.

Que bom que agora que estou dizendo isso você está pensando assim: *Poxa, o padre tem razão*. Isso é ótimo! Se você já aceitou que estava errado, já é um bom sinal. "Poxa, padre, e o que que eu faço?" Reconstrói, renova, faz tudo de novo, a vida é sempre uma reconstrução, é sempre uma renovação, tem que fazer isso, e Deus nos dá essa dica hoje, Deus quer que eu e você façamos isso.

Não deu certo? Parte pra outra, bora pra frente. Uma coisa é fato: Deus nos criou para sermos felizes. Se você está feliz, Deus seja louvado pela sua felicidade. Lembrando mais uma vez que não importa o que os outros pensam de você, mas o que Deus pensa a seu respeito, o que Ele sabe a seu respeito. Porque Deus sabe de tudo, Deus conhece o seu coração, Deus conhece o meu coração, o nosso coração, Ele sabe.

*Sua casa pode até cair,
mas, se você tiver
Deus no coração,
você a reconstrói
quantas vezes
forem necessárias.*

28
A decisão é sua!

Tenho falado muito sobre esta palavra: **decisão**. *Quantos de nós não somos indecisos? Tem uma música do Milionário e José Rico que diz "decida se você vai embora ou vai ficar comigo."*[8] *E o Evangelho nos ilumina para isto: precisamos ser decididos. Por que você está infeliz, sobretudo no seu casamento? Porque você não se decidiu. Não sabe se vai ou fica. Use a cabeça. Decida. Saia do comodismo.*

Quantos não estão infelizes por causa de geladeira. Por causa de carro, apartamento, salário... Isso não vale nada quando você não é feliz, isso não tem valor quando você não é respeitado, amado e realizado.

Até quando, meu irmão, você vai continuar vivendo nessa indecisão? Essa indecisão está custando seu sofrimento, sua dor, sua tristeza. Até quando você vai viver assim? Jesus está te dizendo: saia dessa indecisão.

"Ai, padre, mas o que tenho que fazer?"

Não é a mim que você tem que perguntar, é a si mesmo, só você sabe o que tem que ser feito. Para de colocar a responsabilidade no outro, nos padres. Nós, padres, somos responsáveis por tudo que vocês fazem. Aí depois vocês vêm ao

---

8. DECIDA. Intérpretes: Milionário e José Rico. *In*: Decida. Rio de Janeiro: Warner Music Brasil, 2003.

confessionário e ficam: "Ai, padre, o que eu faço?". Para fazer o errado não pediu opinião, né? Então pode muito bem começar a saber como fazer o certo.

Quantas pessoas que eu atendi lá em Brasília, em São Paulo, que vinham dizendo: "Padre, meu namorado me bate, meu namorado é drogado, o que eu faço?". E eu dizia: se separa dele, você não precisa ficar nesse relacionamento ruim, que te faz mal, te coloca pra baixo. Você é jovem, bonita, trabalha, tem saúde, tem muito tempo pela frente para ser feliz. Vá ser feliz.

E aí me vinham com: "Ai, mas eu o amo, ele é o amor da minha vida".

Ao ouvir isso, eu só conseguia pensar: *Então faz o quê? Fica miserável, apanha. Parece que gosta de sofrer. Deus não te quer ver sofrer, mas a decisão é sua.*

Muitas vezes você quer que nós assinemos o erro da sua vida, mas eu não vou assinar o seu. O problema é seu. Pare de apanhar na vida, pare de sofrer e de querer ficar onde não te querem bem. Deus te fez para ser feliz, realizado, ele não te criou para viver na tristeza, na angústia e na frustração. Jesus está dizendo para nós: "Grande é a tua fé! Como queres, te seja feito!" (Mateus 15:28).

Que bom seria se você pudesse dizer: "Padre, sou mesmo uma pessoa de fé, a partir de hoje eu profetizo na minha vida que tudo será feito como eu quero". Mas como é que você quer? E será que é o que Deus quer? Ele nos ama tanto que nos dá a liberdade "como quiser, seja feito!".

Só que o jeito de Deus nem sempre é como a gente imagina, é diferente. Sabe por quê? Deus é radical, e não fica no meio do muro. A Palavra diz: "Mas porque és morno, nem frio nem quente, estou para vomitar-te de minha boca" (Apocalipse 3:16).

Até quando você vai viver nessa vida morna?

Sabe como é do jeito de Deus? Do jeito de Deus é ser feliz. Se você está infeliz, certamente não está do jeito de Deus. Você é jovem, ainda tem tempo, oportunidade... desocupe suas mãos! Para Deus te dar algo melhor, você precisa desocupar suas mãos. Decida! E, no dia que decidir, você vai ser feliz.

Desde o primeiro momento em que decidi ser padre, eu nunca tive dúvida de que era essa a minha vocação, o meu desejo. Desde quando tomei minha decisão, minha vida se transformou e continua se transformando a cada dia que passa. Por isso, muitas pessoas perguntavam: "Nossa, será que ele vai ser padre mesmo? Será que ele vai ficar lá?".

A resposta: Sim! Por que eu já tinha decidido!

E a decisão te traz consequências, sejam boas, sejam ruins, mas você as enfrenta. Com Deus, você tudo pode.

É essa a mensagem deste momento. Coragem! É para as pessoas mais fortes que Deus concede mais desafios, e nunca se esqueça de que com Jesus você pode tudo, pois "tudo posso naquele que me fortalece, e o impossível para o homem é possível para Deus". E tem mais. Com Deus tudo é transformado: "Eis que faço novas todas as coisas" (Apocalipse 21:5).

Rasgue a página do passado, olhe para a frente e coloque o presente nas mãos de Deus.

"Eis que faço nova todas as coisas."

*Para Deus,
tudo é possível.
Acredite em si mesmo
e na força divina.*

29
Você sabe quanto vale a oração na sua vida?

Salmos 34:5 diz: "Busquei o Senhor e ele respondeu-me e de todo temor me livrou". É assim a vida daquele que segue a Jesus Cristo, eu e você, nós que seguimos Jesus Cristo, não temos temor algum, porque o senhor nos livra de todos. Para Deus, não tem meia conversa, ou é ou não é. E Deus vai te livrar de todos os temores, em nome de Jesus Cristo, eu proclamo isso na tua vida. Hoje, se você tem medo de ser feliz, se tem medo de dar um passo, se tem medo de tomar uma decisão, eu te digo hoje: Deus vai te livrar de todos os temores, vai fazer de você uma nova criatura.

Veja a leitura dos Atos dos Apóstolos 12:1-12, que narra a prisão de Pedro e Tiago: "Por aquele tempo, o rei Herodes tomou medidas visando maltratar alguns membros da igreja. Mandou matar à espada Tiago, irmão de João. Vendo que isso agradava aos judeus, mandou prender também a Pedro". Havia naquele momento uma perseguição muito grande em cima dos cristãos, daqueles que seguiam a Jesus Cristo. "Enquanto Pedro era mantido na prisão, a igreja orava continuamente a Deus por ele. Na noite antes que Herodes o ia fazer comparecer ante o tribunal, Pedro dormia entre dois soldados, preso com duas correntes enquanto guardas vigiavam a porta da prisão. E eis que apareceu o anjo do Senhor, e uma luz iluminou a cela. O anjo tocou o ombro de Pedro, acordou-o e disse: 'Levanta-te depressa!'. As correntes caíram-lhe das mãos. O anjo continuou: 'Põe o cinto e calça tuas sandálias!'. Pedro obedeceu, e o anjo lhe disse: 'Veste tua capa e vem comigo!'. Pedro acompanhou-o, sem saber se a intervenção do anjo era realidade; pensava que era uma visão. Depois de passarem pela primeira e pela segunda guarda, chegaram ao portão de ferro que dava para a cidade. O portão abriu-se sozinho. Eles saíram, caminharam por uma rua, e logo depois o anjo o deixou. Então Pedro caiu em si e disse: 'Agora sei, de fato, que o Senhor enviou o seu anjo para me livrar do poder de Herodes e de tudo o que o povo judeu esperava!'"

Meu irmão, mais uma vez a Palavra nos mostra que aquilo que é impossível para os homens é possível para Deus. Duas coisas muito interessantes nesta Palavra me chamam a atenção. A primeira é que o povo rezava continuamente enquanto Pedro estava preso; é o poder da oração, o povo não desanimou, os cristãos estavam firmes na fé e confiavam, acreditavam, e sabiam em quem estavam confiando, eles conheciam Jesus Cristo muito bem, sabiam a quem eles estavam seguindo. Por isso, eles clamaram enquanto Pedro estava na prisão, e, mais uma vez, Deus veio mostrar que Ele quebra todas as correntes, que Ele entra dentro da prisão.

Imagino eu que Pedro ali, preso, amarrado a duas correntes, com dois soldados ao lado e mais os outros na porta, confinado dentro de quatro paredes, deve ter pensado o seguinte: *É, desta vez eu vou morrer mesmo. Não conseguirei sair daqui.* Mas a oração da igreja, a oração do povo, fez a diferença, fez com que o Senhor o escutasse e mandasse o seu anjo para libertá--lo da prisão.

O que é impossível na tua vida e que você acha que não tem mais jeito? Pense agora numa situação difícil, numa situação impossível. Para Deus, tem jeito, sim! Aquilo que é impossível para os homens, é possível para Deus. Assim como foi feito na vida de Pedro, assim como ele foi libertado daquela prisão, assim como o Senhor Deus enviou o seu anjo para libertá-lo, Ele está enviando na tua vida o anjo da libertação, o anjo que vem tirar você de tudo aquilo que está te acorrentando, te aprisionando, te deixando amarrado: tristeza, depressão, angústia, medo, orgulho, soberba. Quer se libertar de tudo isso? Não existe doença pior. O pior câncer não é o do corpo, mas da alma, do coração. E quantos homens e quantas mulheres estão vivendo esta doença?

Quantos não estão acorrentados à própria ignorância, à própria soberba, à vaidade, ao poder, ao dinheiro, à ganância? Quantos de nós estamos presos com os próprios ressentimentos, com as próprias mágoas? Quantos de nós estamos presos diante de situações que só nos fazem infelizes. Presos até mesmo em um relacionamento que nos faz infeliz. Em uma situação que sabemos que não faz bem, mas a gente continua ali.

Peça para que o Senhor Jesus te liberte disso. Peça que o Senhor Jesus te envie um anjo que venha libertá-lo disso, que venha quebrar essas correntes, que venha trazer para você uma nova vida, uma nova esperança, um novo jeito de ser.

A libertação de Pedro é para manifestar o poder de Deus, do Deus em que eu acredito, em que eu confio, o Deus que eu vivo, que eu sigo. A libertação de Pedro é para dizer para mim e para você: "Olha, ainda que venham as noites traiçoeiras, ainda que a cruz seja pesada, Deus te quer sorrindo". Ainda que você imagine, ainda que pense que nada vai dar certo, que você está no limite do limite, que agora não tem mais jeito, para Deus tem jeito, sim! ==Quando você menos espera, Deus te surpreende, Ele sempre nos surpreende, como surpreendeu a Pedro.==

Agora, diante dessas impossibilidades, da tristeza, da angústia, do sofrimento, da depressão... diante dessas situações de pecado, o que nos resta fazer? Rezar! Como você conduz esses momentos difíceis da sua vida, de que jeito? Com desespero, com mais tristeza, com mais angústia, com mais depressão, com mais raiva, com mais soberba? E, se você conduz essas situações dessa maneira, tenho uma péssima notícia para te dar: se as coisas estão ruins, elas vão piorar mais.

"Então, padre, como eu devo agir diante dessa situação, o que eu tenho que fazer?"

Muito simples: rezar! A igreja rezava continuamente enquanto Pedro estava preso, e a oração faz toda diferença. A oração da comunidade cristã, a oração de Pedro, a oração do povo intercedendo por ele fez toda diferença. Através da oração, nós podemos tudo. ==A oração faz toda diferença nos momentos de atribulação, de angústia, de tristeza e de dor.==

Paulo diz assim: "Combati o bom combate, terminei a corrida, guardei a fé. Desde agora, está reservado para mim a coroa da justiça que o Senhor, o justo juiz, me dará naquele dia, não somente a mim, mas a todos os que tiverem esperado com amor a sua manifestação" (2 Timóteo 4:7-8). E você, meu irmão, pode bater no peito e dizer o mesmo que Paulo? Que combateu o bom combate? E o Senhor pode te levar e fazer de ti o que quiser? Ou você acha que ainda não está preparado? Se ainda não está preparado, é bom que se prepare. Porque o Senhor, justo e juiz, virá como um ladrão: sem avisar. A qualquer momento, Ele vai buscar você, vai me buscar, e que bom será que possamos, assim como Paulo, bater no peito e dizer: "Combati o bom combate, consegui vencer todo o mal, guardei a fé, mesmo diante das perseguições e das dificuldades, a minha fé foi guardada".

E você, diante das dificuldades, dos problemas, das atribulações, guarda a fé, guarda a oração? Tem que ser forte! Quem é de Jesus Cristo, quem o segue, é forte, é como Pedro, como Paulo, homens que muito nos ensinam através das suas atitudes.

Certa vez, Jesus perguntou a seus apóstolos: "'E vós, quem dizeis que eu sou?'. Simão Pedro respondeu: 'Tu és o Cristo, o Filho do Deus vivo'. Jesus então declarou: 'Feliz és tu, Simão, filho de Jonas, porque não foi carne e sangue quem te revelou isso, mas o meu Pai que está no céu. Por isso, eu te digo: tu és Pedro, e sobre esta pedra edificarei a minha igreja, e as forças do inferno não poderão vencê-la. Eu te darei as chaves do Reino dos Céus: tudo o que ligares na terra será ligado nos céus, e tudo o que desligares na terra será desligado nos céus'" (Mateus 16:16-19).

As chaves, o poder do inferno, nunca vão poder vencer, é Jesus quem está dizendo isso para a igreja, para os cristãos, para mim e para você: "Olha, tenha fé, guarde a fé, combata o bom combate, porque eu estarei com você, te livrarei de todos os temores. O poder do inferno, o poder do mal nunca vai vencer você". É nisso que eu acredito, e é isso que profetizo hoje na sua vida, meu irmão.

Quem é Jesus Cristo? Já se fez essa pergunta? Quem é Deus na tua vida?

Reflita sobre isso hoje e, ao fazer isso, responda que realmente Ele é o Deus acima de tudo na sua vida. Deus acima do dinheiro, do poder, do sucesso, da beleza, Deus acima de todas as coisas. Que o Senhor Jesus nos ajude a acreditar, a aceitar e a tomar posse do que está escrito neste capítulo e na vida de cada um de nós, e também da certeza de que o poder do mal nunca poderá nos vencer se tivermos Jesus Cristo presente na nossa vida.

Reze junto comigo a Oração de Libertação, que está na página seguinte.

ORAÇÃO DE LIBERTAÇÃO

Senhor meu Deus, te agradeço pelo dom da vida, agradeço por tudo o que fez na história da humanidade e na minha história. O Senhor sempre foi um Deus que cura, mas também um Deus que liberta, assim como libertou da prisão o apóstolo Pedro, que enquanto orava, as cadeias se abriram e um anjo o retirou de lá. Eu te suplico: liberta-me de mim, dos meus maus pensamentos, das angústias, das maldades que pratico ou pratiquei com o próximo. Me liberta da vida pecaminosa que me afasta de ti, me liberta dos vícios, dos pensamentos de morte e de aborto, que destroem a mim e aos que comigo convivem.

Traz a mim, a meu esposo, à minha esposa, a meus filhos, a meus pais, a meus irmãos e a meus amigos, todas as pessoas que amo, libertação dos males espirituais e corporais, assim como depressão, suicídio, medo, síndrome do pânico e tristeza.

Pela intercessão de São Miguel Arcanjo, liberta-me de toda maldição que lançaram contra mim, contra minha casa, meu casamento, meu emprego, minha vida financeira e afetiva. Liberta-me também de correntes malignas que fizeram em locais de consagração para deuses pagãos com bruxaria, feitiçaria e magia negra.

Pelo poder do Sangue de Jesus derramado na Cruz por mim, que eu seja lavado agora. Profetizo que nada mais chegará a mim ou à minha família, pois creio que revestido da armadura de Deus, estarei firme contra as astúcias do diabo, porque o meu Deus luta por mim, em nome de Jesus.

Amém!

*Se quer Deus na tua vida,
nunca deixe de orar.*

30
Por que sou uma pessoa frustrada?

"Ó, Deus! Sois o amparo dos que em vós esperam. Sem o vosso auxílio ninguém é forte, ninguém é santo; redobrai de amor para conosco, para que, conduzidos por vós, usemos de tal modo os bens que passam, que possamos abraçar os que não passam. Por nosso Senhor Jesus Cristo, vosso Filho, na unidade do Espírito Santo." Você só pode tudo se tiver o auxílio de Deus.

O que você tem feito, meu irmão, com a tua vida diante de Deus? Tem abraçado os bens que passam e usado os que não passam? Ou tem usado os bens que passam e abraçado os que não passam? É uma pena que você seja essa pessoa frustrada. E, quando digo "frustrado", falo em todos os sentidos. O que é ser frustrado? Primeiro, é ser infeliz. Conhece alguém frustrado que seja feliz? Não!

Você diz assim: "Aquele fulano é um frustrado da vida", ou seja, é alguém que não deu certo, alguém que só reclama, alguém que até tem dinheiro, beleza, poder, sucesso, juventude, mas é frustrado, não é feliz. E o pior de tudo, as pessoas frustradas são odiadas, não são amadas, pois ninguém quer ficar ao lado de alguém assim. Ninguém quer ser amigo de uma pessoa frustrada, de uma pessoa que não deu certo, de uma pessoa que só pensa nos bens que passam e não se preocupa em abraçar os bens que não passam. O que nesta vida não passa além do céu, além de Deus? Bem, há coisas aqui nesta terra que também não passam, e são a elas que você deve abraçar: uma verdadeira amizade, o amor, a caridade, a fé, a esperança.

A própria palavra de Deus em 1 Coríntios 13:7, que fala do hino à caridade, diz que o amor tudo crê, que o amor tudo suporta. E, no fim do mesmo capítulo, ele diz que tudo vai passar, que de todas essas coisas citadas as únicas que não passarão são o amor, a fé, a caridade. "Atualmente permanecem estas três: a fé, a esperança, o amor. Mas a maior delas é o amor" (1 Coríntios 13:13).

O que você tem feito da sua vida, meu irmão? O que tem abraçado, o que você tem usado? Olha que parábola maravilhosa que Jesus nos conta em Mateus 13:44-46: "O Reino dos Céus é como um tesouro escondido num campo. Alguém o encontra, deixa-o lá bem escondido e, cheio de alegria, vai vender todos os seus bens e compra aquele campo. O Reino dos Céus é também como um negociante que procura pérolas preciosas. Ao encontrar uma de grande valor, ele vai, vende todos os bens e compra aquela pérola".

Nessa parábola, Jesus nos diz que há uma grande diferença entre preço e valor. O Reino dos Céus não tem preço, não se compra, não se paga. Por isso é nojento, é triste, quando vemos pessoas usarem os meios de comunicação para vender a salvação, como se ela tivesse preço. Vender uma vaga no céu, como se tivesse preço, é nojento, é triste, é deprimente, não foi isso que o nosso Senhor nos ensinou.

Ele não disse que o Reino dos Céus tem preço, ele disse que tem valor, e esse valor vai além de tudo, vai além de todos os preços, vai além de qualquer número. O Reino dos Céus vale muito mais que um tesouro, muito mais que uma pérola preciosa. Viver lá é viver um valor que você não encontra palavras para contextualizar ou para conceitualizar, porque é infinito, é transcendente.

E só quem realmente descobriu, quem realmente conseguiu enxergar essa tamanha beleza, esse valor imensurável, consegue parar e reconhecer que realmente vale a pena, sim, vender tudo o que tem, vale a pena deixar tudo por uma única causa que não tem preço, mas tem o maior de todos os valores.

Por isso que mais uma vez Jesus utiliza de metáfora para dizer: Olha, o homem que encontra um tesouro e uma pérola, o que ele faz? Ele vai e vende tudo o que tem, ele se desprende de tudo, de todas as coisas que passam, com um único objetivo: abraçar as que não passam. Sabe por que você é frustrado? Sabe por que você é triste? Sabe por que você é deprimido? Sabe por que você é fracassado? Porque você não descobriu o verdadeiro valor da sua vida. Porque você não descobriu o verdadeiro valor do Reino dos Céus. Porque você ainda não descobriu o verdadeiro valor de se ter e de se viver em Jesus Cristo.

O que você tem feito com a sua vida, meu irmão? Onde você está, de que lado você vive? Eu desejo que você descubra o verdadeiro valor, o verdadeiro sentido da vida, eu desejo que você possa ser essa pessoa da parábola. Alguém que, para possuir o Reino dos Céus, porque vale a pena, se desfaz de tudo na vida.

==Porque, de fato, para aqueles que descobrem Jesus Cristo pra valer, como eu descobri, nada fará falta, nada fará falta a quem descobriu o sentido e o verdadeiro valor da vida, nada fará falta.==

Quantas e quantas vezes eu sou questionado pela mídia, pelos jornalistas, que me dizem assim: "Por que você quis ser padre? Por que você é padre? Por que você não se casou? Por que você não tem família? Por que você não tem filhos? Por quê? Por quê?". Foi porque eu descobri o verdadeiro valor que é Jesus Cristo, porque eu descobri o verdadeiro valor que é viver as coisas do Reino de Deus, que não passam, porque eu descobri que é bom, sim, usar as coisas que passam, mas abraçar as que não passam.

Eis aí mais um dos segredos da felicidade: usar as coisas que passam. Eu posso, ainda sendo padre, por que não? Mas usar as coisas que passam desde que eu abrace as que não passam. Eu posso, sim, ser um homem, um padre feliz e realizado, desde que eu descubra que vale a pena ser de Jesus Cristo.

Não foi à toa que, um dia, Jesus disse: "Pois onde estiver o teu tesouro, aí estará também o teu coração" (Mateus 6:21), ou seja, onde está o teu coração, aí está o teu verdadeiro valor, aí estão os seus verdadeiros valores, portanto a minha pergunta é esta: Onde está o seu coração? Nas coisas do mundo, que você usa e que passam, ou nas coisas do Céu, que você abraça e não passam?

É muito simples descobrir se uma pessoa é de Deus, se vive as coisas de Deus. Sabe como se descobre isso? Fácil, fácil! Basta observar onde está o coração dessa pessoa. Onde está o seu coração, meu irmão? Ele está voltado somente para os bens terrenos, se preocupando com as coisas da terra: poder, dinheiro, sucesso, beleza? Quando você conversa, fala mais das coisas da terra do que das coisas do céu?

Vale a pena quando você está ao lado de pessoas que descobriram o verdadeiro valor, o verdadeiro sentido desta vida.

Desejo que você encontre essas pessoas. Mas, mais do que isso, desejo que você descubra o verdadeiro sentido da vida e seja a pessoa da qual os outros querem ficar próximos.

Nada fará falta a quem descobrir o sentido e o verdadeiro valor da vida.

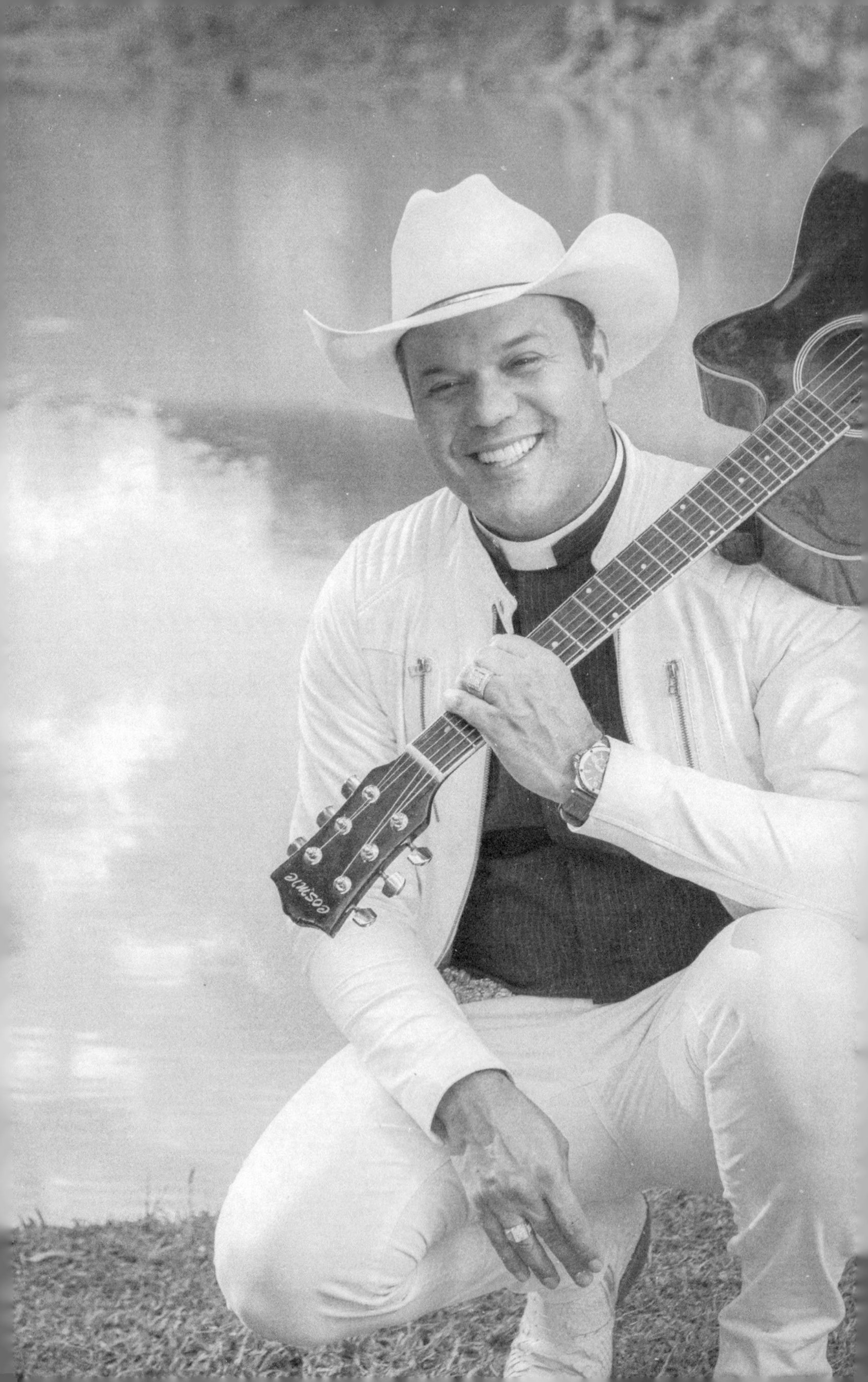

31
Eu quero sabedoria!

Jesus, mais uma vez, compara o Reino dos Céus a uma rede lançada ao mar que apanha muitos peixes de todos os tipos. Quando a rede está cheia, os pescadores a puxam para a praia, sentam-se e recolhem os peixes bons em cestos e jogam fora os que não prestam. Olha que coisa interessante!

É comum que o pescador jogue a rede e, quando a arma lança a tarrafa, que é uma minirrede... e o que ele faz quando ele puxa aquela rede cheia de peixes para a beirada, para a margem do rio ou do mar? Vai pegando os peixes bons, os grandes, e colocando-os em um cesto. E o que o pescador faz com os pequenos, os peixes ruins? Joga-os de volta para a água. Só que Jesus está dizendo que, nos fins dos tempos, os anjos virão para separar os homens maus dos que são justos e lançarão os maus à fornalha, no inferno, e ali haverá choro e ranger de dentes.

Com Deus será diferente. O pescador dos céus, os anjos, pegam os peixes bons e os ruins, os pequenos, e não os jogarão novamente na água, mas fora. O peixe que é jogado fora da água, em pouquíssimos segundos, morre, depois fica podre e os urubus vão comer. É isso que acontecerá com você, meu irmão, se você não acordar para a vida enquanto é tempo. Os piores peixes, os peixes ruins, serão jogados fora, não voltarão para a água.

O rei Salomão, que é filho do rei Davi, assumiu o reinado do pai ainda jovem. E diz a Palavra, em 1 Reis 3, que, um dia,

Salomão estava em Gabaon para fazer um sacrifício. E em sonho nosso Senhor disse para ele o seguinte: "Pede o que desejas e eu te darei" (1 Reis 3:5). Sabe o que o Salomão pediu? Aquele menino por quem ninguém dava nada? Ele poderia ter pedido "eu quero ser um rei poderoso", "eu quero ter dinheiro", "eu quero ter beleza", "eu quero ter sucesso".

Mas o rei Salomão diz assim: "Eu quero sabedoria para governar o meu povo". Que espetáculo! Sabedoria é diferente de inteligência, já que você pode ser inteligente, mas pode não ser um homem sábio. Tem pessoas que podem ser inteligentes, mas não são sábias. E tem pessoas que são sábias e não são inteligentes. Por isso que a gente vai à roça e encontra aquela velhinha de noventa anos, como a minha avó, analfabeta, que nunca estudou. Mas o que eu mais quero é morrer com a sabedoria daquela velha, com a sabedoria que a fez viver durante noventa e seis anos.

Neste momento, Deus está dizendo para mim e para você: "Peçam o que quiserem, que lhos darei". E a palavra de Deus diz: "Pedi e vos será dado! Procurai e encontrareis! Batei e a porta vos será aberta! Pois todo aquele que pede recebe, quem procura encontra, e a quem bate, a porta será aberta" (Mateus 7:7-8). Agora, cuidado com o que você vai pedir, porque o que você pedir Deus te dará. E assim tem sido na minha vida durante todos esses anos: tudo o que tenho pedido a Deus, ele tem me dado, tudo. Deus nunca me abandonou.

Nas vezes em que eu tive a tentação de duvidar, Deus sempre me mostrou o contrário. Quantas vezes eu tenho acordado de madrugada e pensado: *Meu Deus, como eu vou fazer para resolver essa situação? Não vou conseguir.* E Deus disse para mim: "Pede!". Claro que ele não manda lá do Céu, Deus não é mágico. Deus não faz mágica, Ele faz milagres. Eu peço e sempre dá certo.

Não duvide do poder de Deus, não tema o poder dEle em sua vida. Tudo o que você quiser, você conquista.

"Ah, mas, padre, a minha vida continua a mesma. Eu peço, peço, peço, e nada muda. Tudo permanece igual. Por que Deus não me ouve?"

É aí que você se engana. Deus te ouve – Ele sempre nos ouve e sempre nos atende. A pergunta é: você tem pedido certo? Muitas vezes, depositamos em Deus a solução de problemas que estão nas nossas mãos, que podem ser solucionados com mudanças de nossas atitudes. Por isso, pedir por sabedoria e por tudo aquilo que não passa é que é o caminho.

Eu desejo que você passe a confiar em Deus e nunca – NUNCA – duvide do poder dEle. A partir de hoje, concentre os seus pedidos e orações naquilo que realmente te faz feliz. Use este espaço para anotar os seus pedidos.

Deus, eu te peço:

*Sábios são aqueles
que não temem
a Palavra de Deus.*

32
Natal na minha casa

"Não tenhais medo! Eu vos anuncio uma grande alegria, que será também a de todo o povo: hoje, na cidade de Davi, nasceu para vós o Salvador, que é o Cristo Senhor!" (Lucas 2:10). Ele que nasceu pobre, mas rico em amor e misericórdia. É isto que a palavra de Deus nos diz hoje: "O povo que andava na escuridão via uma grande luz" (Isaías 9:1). Por quê? Porque nasceu para nós o menino! O Príncipe da Paz. "Ele estenderá seu domínio e para a paz não haverá limites" (Isaías 9:6).

Em breve, estaremos celebrando a Noite de Natal. Quer entender por que os shoppings estão sempre lotados na Noite de Natal? A preocupação é a mesa farta e a cerveja gelada. Sentar-se à mesa com pessoas de quem a gente nem gosta. Natal não tem nada a ver com isso, tampouco o nascimento de Jesus.

Ele conhece cada um de nós. Sabe quem sou eu e quem é você, mas, infelizmente, muitos de nós não sabemos quem é Jesus, não O conhecemos e não O vivemos. Por isso devo dizer que muitos de nós andam na escuridão. Porque não conheceu e não vive Jesus, não se preocupa com Ele.

Pare de se preocupar com coisas supérfluas. Jesus nos ensina a abandonar a impiedade e as paixões mundanas. O que são as paixões mundanas? São as preocupações com coisas que não são importantes, que não são o Senhor. Não estamos colocando Deus em primeiro lugar! Na nossa ceia de Natal, se não tiver

Jesus Cristo, não é a ceia dos cristãos, mas é a mesa das paixões mundanas. Deus nos convida hoje a abandonar a impiedade e as paixões mundanas e nos ensina a viver neste mundo.

Isso não quer dizer que você não pode mais ir ao shopping e comprar uma roupa nova. Você pode fazer isso, mas com equilíbrio. Estamos vivendo em um mundo desequilibrado. E uma família desequilibrada é uma família em que Jesus deixou de ser o centro e o essencial. E isso é culpa de quem? Nossa e principalmente de vocês, pais.

Agora os filhos fazem o que querem, porque precisam viver a liberdade. Os pirralhinhos batem no peito e fazem o que querem.

Onde está nosso equilíbrio? Sabe quem nos dá o equilíbrio? Não é o shopping, nem o mundo, é Jesus! Faculdade te dá inteligência, ciência, mas a sabedoria vem do céu! Viva neste mundo, mas não pertença a este mundo, porque somos cidadãos do céu!

Que no próximo Natal você se reúna com a sua família e permita que Jesus faça parte da vida de vocês. Não apenas na noite de Natal, mas em todas as outras noite e dias. Permita que Jesus entre na vida da sua família, dos seus familiares, e promova a paz, o equilíbrio. Permita que Jesus atue com a máxima potência de força e fé.

Que este Natal seja diferente dos outros. Receba Jesus em sua casa nessa noite.

Que o Natal não seja um único dia em sua vida.

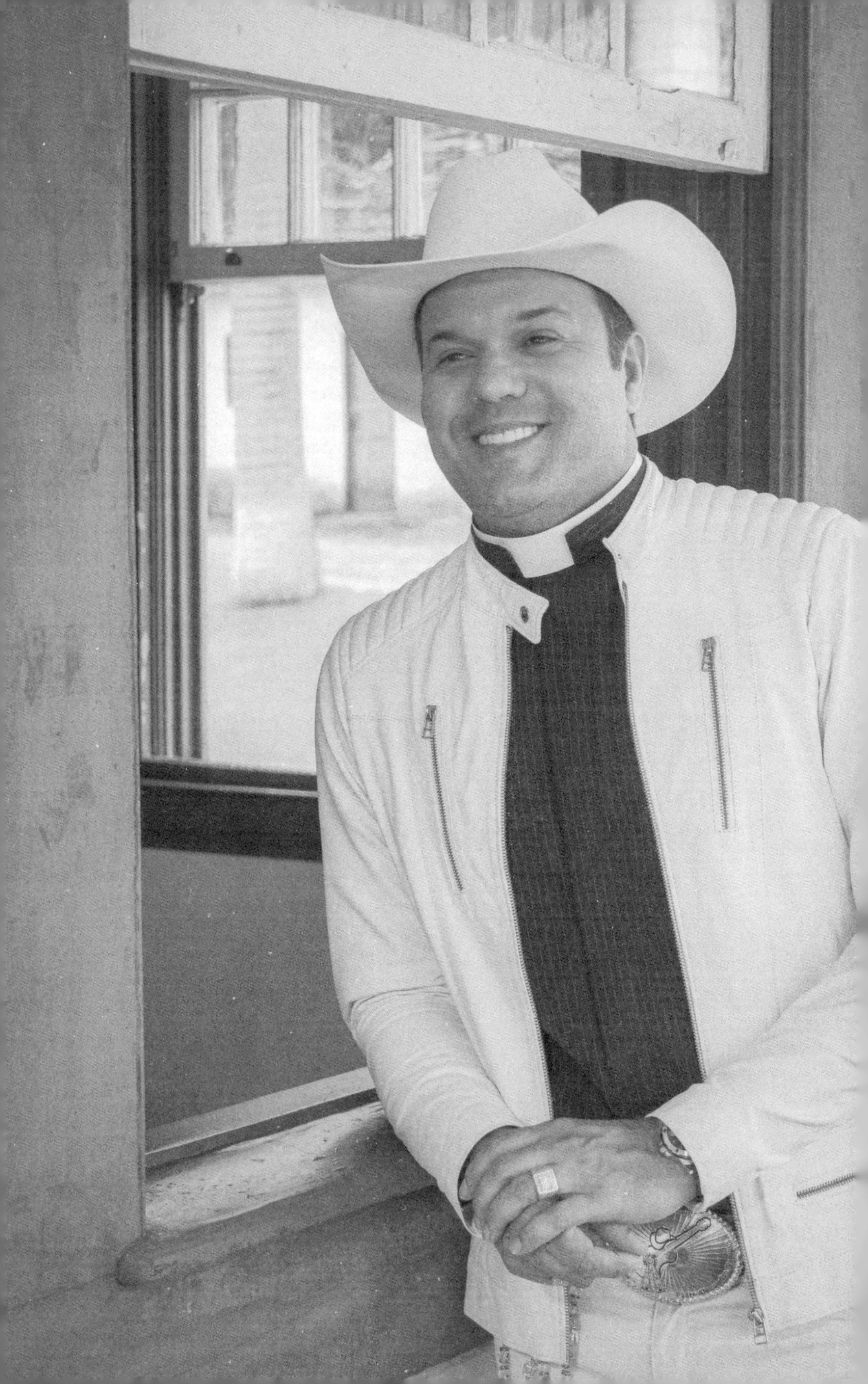

33
Ano novo, vida nova

"Não deveis ficar lembrando as coisas de outrora, nem é preciso ter saudades das coisas do passado. Eis que estou fazendo coisas novas, estão surgindo agora e vós não percebeis?"
(Isaías 43:18-19)

Em vez de pensarmos o que queremos, por que não pensamos o que não queremos? O que você não quer para o próximo ano? O que você não deseja? O que está disposto a deixar de fazer por um propósito maior? Porque é muito fácil querer. Mas você está disposto a deixar de fazer o quê?

Todo ano é a mesma babaquice, a mesma história. Você liga a televisão e só mostra onde vai estourar fogos e ter show. Todo ano a mesma coisa. Aliás, uma coisa que não consigo entender: a família passa o ano todo se matando, chega Natal e Ano Novo, todo mundo se abraçando, e no dia seguinte tudo igual de novo. Até quando vamos viver essa mentira, essa hipocrisia?

Deus não vai mudar a sua vida se você não mudar primeiro. Como você quer um resultado diferente se você faz tudo igual? A gente bota culpa até no coitado do Diabo. Satanás nunca teve tanta culpa, já que você não assume sua própria culpa e a coloca no outro. Você é seu maior adversário.

Precisamos olhar no espelho, sem medo, e encarar nossa realidade, assumir que somos fracos e pecadores e que precisamos de mudança. Precisamos sair desse mundo de hipocrisia.

Até quando você vai viver infeliz? Até quando vai levar uma vida de aparências?

Até quando? Deus nos criou para sermos felizes! E, se não estamos felizes, tem algo errado.

Por mais que você deseje um ano de paz e prosperidade, se não fizer a sua parte, nada vai acontecer. Deus sempre vai fazer aquilo que você não pode, mas Ele espera que você faça aquilo que pode. Deus ajuda quem cedo madruga. O impossível para o homem é possível para Deus.

E aí, está disposto? Ou vai ficar na porcaria do celular?

Quer continuar na tristeza, angústia e solidão? Continue na sua telinha, disputando para ver quem posta a foto mais bonita. Até comida é um querendo postar melhor que o outro. E estamos vazios...

Um dia vamos deixar essa vida e não vai demorar muito. Aproveite o pouco tempo que te resta e aceite Jesus Cristo como o único Salvador da sua vida, assim você não vai morrer frustrado como muitos estão morrendo por aí.

Meu maior desejo é que, a partir de hoje, possamos fazer diferente, e que você se concentre no que não quer para a sua vida.

*O seu novo ano
só será novo se
você fizer diferente.
Você está preparado?*

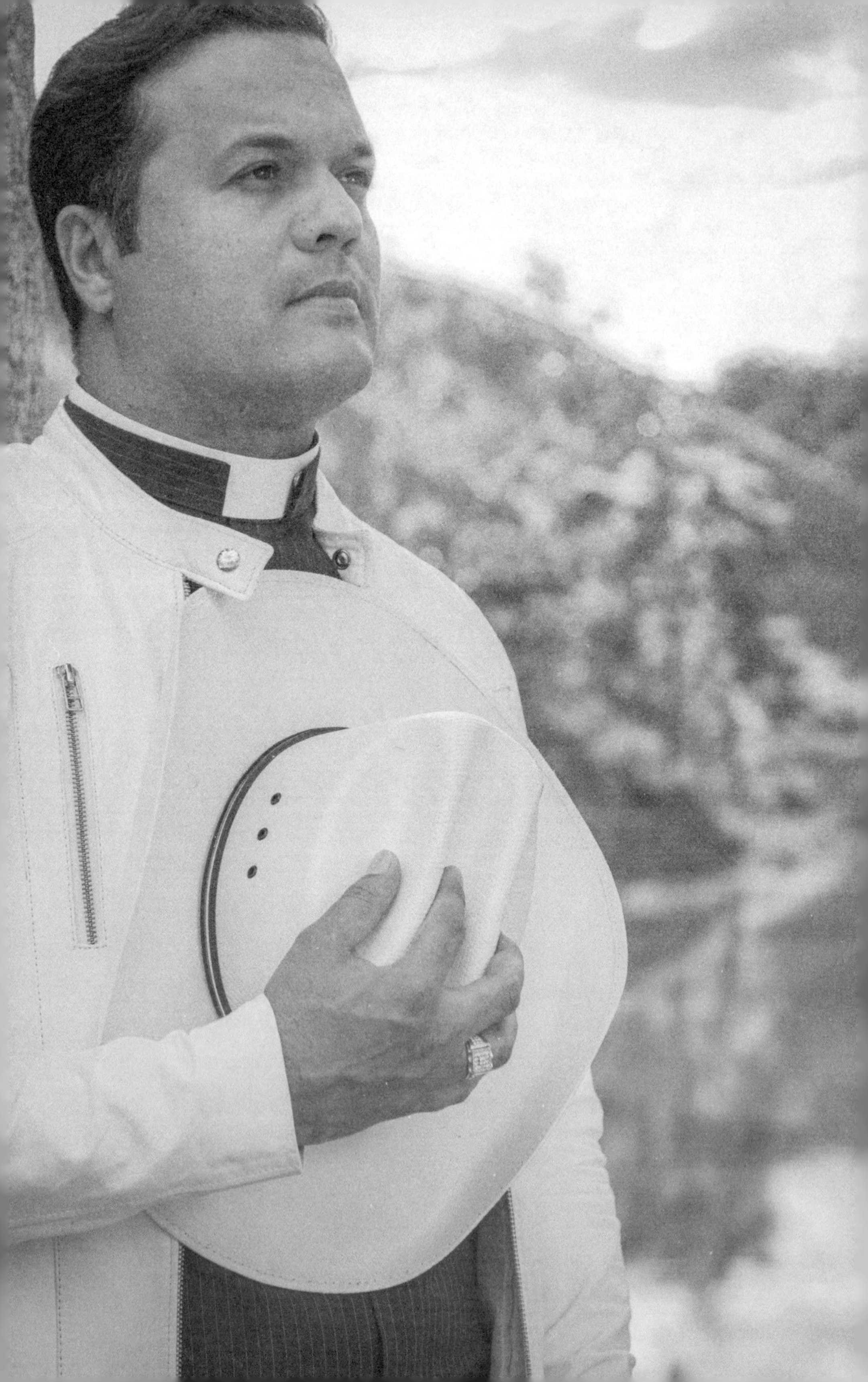

Reflexão para dias melhores

Esta reflexão pode ser lida sempre que você achar necessário. Sempre que você estiver precisando conversar com Deus, ouvir a Palavra dele e abrir o seu coração. Não tenha medo de repeti-la e de dirigir estas palavras a Deus, pois só assim você conseguirá conquistar a paz que deseja.

Peça ao Senhor que conforte seu coração, que te liberte de todo mal, de todos os pensamentos ruins e ressentimentos, de tudo aquilo que te afasta e te afastou da presença de Deus. Você pode ir orando e dizendo a Jesus Cristo:

Senhor, eu te entrego a minha vida, tudo aquilo que eu tenho e tudo aquilo que eu sou! Eu quero te dizer, Jesus, o quanto sou uma pobre e miserável criatura. Mas que triunfe, Jesus, a sua bondade e sua misericórdia. Senhor, quero te pedir perdão. Perdão por todas as minhas as falhas, todos os meus pecados. Que sejam perdoadas todas as minhas culpas. Sim, Senhor Jesus Cristo, na sua presença quero te pedir, Senhor, que venha curar o meu coração ferido, angustiado, triste e deprimido, que teu sangue precioso seja derramado sobre a minha vida.

Tu conheces o coração de cada um dos teus filhos, e por isso estou aqui como família, amigo e irmão em Cristo, na tua presença, porque o Senhor está aqui, é o Senhor que está aqui. Eu quero te pedir, Senhor, que venha transformar, curar aquele coração de pedra, angustiado, amargurado, deprimido, rancoroso. Vai quebrando, Jesus, todas as maldições, todas as tristezas e angústias e preencha o meu coração com teu amor, teu perdão, tua esperança e fé!

Porque o Senhor é a minha fortaleza, e sem ti não sou nada. É o Senhor mesmo quem diz: "Sem mim nada podeis fazer", e por isso estou aqui, porque nada vai me abalar, nada vai tirar minha fé, nada vai me desamparar, porque o Senhor é a minha fortaleza. É nisso que eu acredito e no que me apoio. São grandes atribulações, dificuldades, tristezas, angústias, ressentimentos e maus pensamentos, mas Tu, oh, Deus, é a fortaleza e não nos abandona nunca. Tu está sempre conosco, e nunca nos deixará desamparado, porque Tu és fiel.

Estou aqui por que acredito nessa fidelidade de Deus sobre nossas vidas. Sim, Senhor Jesus Cristo, peço que o Senhor seja fiel na vida de cada um de nós e de cada membro da minha família.

Deus sabe o que fazer, e já está fazendo, já está curando e libertando, fazendo de mim uma nova criatura. Tome posse dessa graça e de todas as curas e todos os milagres que Deus tem para fazer na sua vida. Não é à toa que você está aqui lendo isto. Talvez Deus tenha usado as circunstâncias, e talvez seja uma circunstância que você não gostaria, mas você está aqui porque Ele usa as circunstâncias para nos mostrar seu amor e fidelidade, para nos mostrar que Ele é Deus e somente Ele pode ser o nosso Deus. Ele pode tudo, e você pode tudo. A Palavra de Deus diz: tudo posso naquele que me fortalece, e aquilo que é impossível para os homens é possível para Deus.

Por isso, se coloque na presença de Deus agora e diga tudo aquilo que você tem vontade de dizer do fundo do seu coração. Talvez você não consiga se expressar, mas Deus te escuta,

escuta seu coração, seu clamor. Vai dizendo: fica comigo, Senhor, não me deixe sozinho à noite, não me desampare. Ele não desampara! A Palavra de Deus diz que ele é o pai do órfão e da viúva. Se você se encontra assim, órfão, viúva, não se preocupe, porque Deus é com você. Ele é sua fortaleza, Ele vai te ajudar a superar todos os obstáculos. Deus vai tirar da sua vida tudo aquilo que está te fazendo mal, Ele vai te libertar de tudo aquilo que não vem da presença dele! E qualquer que seja o mal que lhe sobrevenha, vai cair por terra. Pelo poder do nome e do sangue de Jesus Cristo.

Amém!

Agradecimentos

Primeiramente agradeço a Deus pelo dom da vida, e por me usar como sacerdote para falar ao seu povo. Agradeço à minha família, pois embora tenhamos dificuldades, independentemente de todas as coisas, o amor e o perdão sempre prevalecerão – diariamente me fazem entender que família é tudo igual, só muda de endereço.

Agradeço imensamente às minhas velhinhas, pois sem elas eu não seria o Padre Alessandro Campos que sou.

Também não posso deixar de agradecer aos meus amigos, principalmente os que colaboraram comigo de alguma maneira na construção deste livro. Agradeço carinhosa e especialmente a Thiago, Daiane, Ricardo, Graciane e Zélia.

Agradeço à igreja na pessoa de Dom Pedro, que é o meu bispo e que me apoia de forma significativa.

Por fim, agradeço à Rede Vida e a todos os leitores. Que Deus abençoe rica e abundantemente a vida de cada um.

Editora Planeta
Brasil | 20 ANOS
Acreditamos nos livros

Este livro foi composto em Estratto Var e impresso pela Gráfica Santa Marta para a Editora Planeta do Brasil em outubro de 2023.